Thierry Meyssan · 11. September 2001. Der inszenierte Terrorrismus

Thierry Meyssan

11. September 2001: Der inszenierte Terrorismus

Auftakt zum Weltenbrand?

editio de facto

Übersetzung aus dem Französischen: **Michel Billot**
Lektorat: **Dr. Hugo Vonhorn**
Abbildung auf dem Umschlag: SIPA -Associated Press
Photograph: **Tom Horan**

CIP-Kurztitelaufnahme der Deutschen Bibliothek

Meyssan, Thierry:
11. September 2001. Der inszenierte Terrorismus. Auftakt zum Weltenbrand? „Kein Flugzeug traf das Pentagon!" / Thierry Meyssan. [Übers. aus d. Franz. von Michel Billot].
– 1.Aufl. – Kassel: editio de facto, 2002

ISBN: 3-9808561-0-0

editio de facto
Verlag für Analyse und Aufklärung des Zeitgeschehens

Postfach 41 03 49
D–34065 Kassel
Ruf.-Nr.: 0561 3102545
Fax-Nr.: 0561 3102544
ePost: editio.defacto@t-online.de
Weltnetz: www.editio-defacto.de

Das Buch wurde aus der Stempel-Schneider im Satzstudio des Verlags gesetzt und auf säurefreiem 115g-Papier Zanders-Mega-matt gedruckt.

ISBN 3-9808561-0-0

„Die amerikanische Bevölkerung will keine Kriege.
Die Führung der Vereinigten Staaten
und die Eigentümer dieses Landes müssen jedoch Kriege führen,
sonst bekommen sie nicht die nötigen Geldsummen,
die dann an Boeing und Lockheed weitergereicht werden.
Es ist also sehr wichtig, daß wir Feinde haben.
Deshalb erschaffen wir immer wieder neue.
Dis amerikanische Bevölkerung weiß dagegen nicht einmal,
wo die entsprechenden Länder auf der Landkarte liegen.
Nur weil wir unsere Gegner dämonisieren,
können wir all diese Kriege führen
– seit 1945 sind es rund dreihunhert.
Wir haben gegen andere Länder immer als erste losgeschlagen.
Und wir hatten immer eine Entschuldigung dafür parat."

Gore Vidal, amerikanischer Bestseller-Autor,
in einem *FAZ*-Interview

Hinweis

Die in diesem Buch angeführten offiziellen Dokumente sind unter den jeweils in Fußnoten angegebenen Internetadressen abrufbar. Falls sie inzwischen aus den US-amerikanischen Webseiten entfernt wurden, so sind sie ebenfalls auf folgender Webseite nachzuschlagen:
http://www.effroyable-imposture.net

Einleitung

Wie angenagelt vor ihrem Fernseher sitzend, haben Hunderte von Millionen von Menschen die Ereignisse des 11. September 2001 unmittelbar verfolgt. Die Bestürzung angesichts des Ausmaßes des Angriffs, der Schock in Anbetracht der Unmotiviertheit der Gewalt haben alle Fernsehzuschauer benommen gemacht, die Kommentatoren eingeschlossen. Der Mangel an Informationen über die Haltung der amerikanischen Behörden sowie die spektakuläre Gewalt der Bilder haben die Fernsehstationen dazu geführt, das Einschlagen der Selbstmord-Flugzeuge in die Zwillingstürme des World Trade Center und deren Einsturz am laufenden Band (Schleifenübertragung) zu zeigen. Die Erfordernisse der Direktübertragung, verbunden mit dem Überraschungseffekt, haben die Information auf eine Beschreibung der sofort bekannten Fakten beschränkt und jegliches Gesamtverständnis verhindert.

In den drei Tagen nach den Anschlägen haben Personen des öffentlichen Lebens der Presse zahlreiche Zusatzinformationen über die unbekannten Aspekte dieser Ereignisse geliefert. Sie verloren sich aber in der ununterbrochenen Flut von Nachrichten über die Opfer und die einzelnen Rettungsaktionen. Andere sind im Laufe der Monate vereinzelt aufgetaucht, wie Anekdoten, ohne in ihren Zusammenhang eingebettet zu werden.

An jenem 11. September haben mehrere tausend Menschen ihr Leben verloren, und danach wurde in Afghanistan ein Krieg geführt, um sie zu rächen. Dennoch bleiben diese Ereignisse geheimnisvoll. Ihre Berichterstattung ist voller Merkwürdigkeiten, Ungewißheiten und Widersprüche. Bei allem Unbehagen, das sie erwecken, begnügt sich die öffentliche Meinung mit der offiziellen Version – da ja die Gebote der nationalen Sicherheit den US-Behörden nicht zu erlauben scheinen, alles zu sagen.

Diese offizielle Version hält jedoch der kritischen Analyse nicht stand. Wir werden dem Leser nachweisen, daß sie nichts als eine Montage ist. Die Bausteine, die wir gesammelt haben, helfen in einigen Aspekten die Wahrheit wiederherzustellen. In anderen Teilen der Ereignisse sind unsere Fragen bislang unbeantwortet geblieben – was allerdings kein Grund ist, weiterhin an die Lügen der Behörden zu glauben. Wie dem auch sei, die Akte, die wir zusammengestellt haben, ermöglicht es schon, die Rechtmäßigkeit des amerikanischen Gegenschlags in Afghanistan sowie des *„Krieges gegen die Achse des Bösen"* in Frage zu stellen.

Wir bitten den Leser, unsere Arbeit nicht als endgültige Wahrheit anzusehen. Im Gegenteil, wir fordern ihn zur Skepsis auf. Er möge nur seinem eigenen kritischen Geist vertrauen. Damit er unsere Anschuldigungen überprüfen und sich eine eigene Meinung bilden kann, haben wir an zahlreichen Textstellen auf unsere Hauptquellen verwiesen.

Zu einem Zeitpunkt, da die Vereinigten Staaten zwischen Gut und Böse unterscheiden, möchten wir daran erinnern, daß die Freiheit nicht darin besteht, an eine vereinfachende Sicht der Welt zu glauben, sondern vielmehr darin, Zusammenhänge zu verstehen, die Optionen zu erweitern und die Nuancierungen auszubauen.

Erster Teil

Blutige Inszenierung

Kapitel 1

Das Geisterflugzeug des Pentagons

Erinnern Sie sich an den Anschlag auf das Pentagon? Die Ereignisse waren so ernst und so unvermittelt, daß es nicht möglich war, die in der offiziellen Darstellung enthaltenen Widersprüche sofort zu entdecken.

Am 11. September 2001, kurz vor 10 Uhr (Ortszeit), veröffentlicht das US-Verteidigungsministerium in Washington ein kurzes Kommuniqué:

„Das Verteidigungsministerium reagiert weiterhin auf den heute morgen, 9 Uhr 38, geführten Angriff. Über die Zahl der Opfer liegen zur Zeit keine Informationen vor. Die verletzten Angehörigen des Personals wurden in nahe Krankenhäuser gebracht. Der Statssekretär im Verteidigungsministerium, Donald S. Rumsfeld, hat den Familien der Opfer, die bei diesem schändlichen Angriff getötet oder verletzt wurden, sein aufrichtiges Beileid ausgesprochen; er leitet die Operationen von seiner Kommandozentrale im Pentagon aus. Das gesamte Personal wurde aus dem Gebäude evakuiert, während die Noteinsatzdienste des Verteidigungsministeriums und der umliegenden Ortschaften das Feuer bekämpften und ärztliche Hilfe leisteten. Nach ersten Einschätzungen sind die Schäden erheblich; dennoch müßte das

Pentagon morgen früh wieder eröffnen. Ersatzarbeitsstätten für die zerstörten Teile des Gebäudes werden verzeichnet."[1]

Die Agentur Reuters, die als erste vor Ort ist, meldet, daß das Pentagon durch die Explosion eines Hubschraubers getroffen worden sei. Paul Begala, ein Berater der Demokraten, bestätigt diese Meldung telefonisch gegenüber *Associated Press*.[2] Einige Minuten später berichtigt das Verteidigungsministerium jedoch die Nachricht: Es sei ein Flugzeug gewesen. Neue Zeugenaussagen widersprechen nun ersteren und bekräftigen die Darstellung der Behörden. Fred Hey[3], parlamentarischer Assistent von Senator Bob Ney, sah, als er gerade auf der Autobahn entlang des Pentagons fuhr, eine Boeing abstürzen. Der Senator Mark Kirk[4] hatte gerade mit dem Verteidigungsminister gefrühstückt und verließ den Parkplatz des Pentagons, als ein großes Flugzeug am Boden zerschellte. Verteidigungsminister, Donald Rumsfeld, verläßt sein Büro und eilt an Ort und Stelle, um den Opfern zu helfen.

Die Feuerwehrleute von der Grafschaft Arlington greifen ein. Sie werden unterstützt von vier Mannschaften der FEMA, der Bundesstelle für Katastropheneinsätze, sowie von einer Feuerwehr-Sondergruppe des Reagan-Flughafens. Gegen 10 Uhr 10 stürzt der beschädigte Pentagonflügel ein.

---

1 Dieses Kommuniqué wurde aus dem Internetserver des Verteidigungsministeriums genommen. Es ist abrufbar von der Archivseite der *Yale University* unter: http://www.yale.edu/lawweb/avalon/sept_11/dod_brief03.htm

2 *Part of Pentagon Collapse after Terrorists Crash Plane into Building,* Agenturmeldung der *Associated Press* vom 11. September 2001.

3 *The Day the World Changed,* in *The Christian Science Monitor,* 17. September 2001. Im Internet unter: http://www.csmonitor.com

4 *Inside the Pentagon Minutes before Raid,* von Rick Pearson, in *Chicago Tribune,* 12. September 2001. Abrufbar unter: http://www.chicagotribune.co

Die Presse wird vom Ort des Geschehens ferngehalten, damit sie den Rettungsaktionen nicht im Wege steht, und muß sich damit begnügen, die ersten *„body bags"* (Leichensäcke) zu filmen, die man in einem improvisierten Feldlazarett aneinanderreiht. Doch gelingt es der *Associated Press*, Fotoaufnahmen zu bekommen, die eine Privatperson von einem nahen Hochhaus aus bei der Ankunft der Feuerwehr gemacht hat, wie wir unten selbst auch sehen können.

Abb.: SIPA – *Associated Press* – Tom Horan

In der allgemeinen Verwirrung teilt US-Generalstabschef, General Richard Myers, erst nach Stunden mit, daß *„das Selbstmord-Flugzeug"* die Boeing 757-200 vom American Airlines-Flug 077 gewesen sei, die von Dulles nach Los Angeles flog und deren Spur die Fluglotsen bereits um 8 Uhr 55 verloren hatten.

Ebenfalls in der allgemeinen Hektik lassen die Presseagenturen den Druck steigen und sprechen von rund 800 Todesopfern. Eine frei erfundene Zahl, die zu dementieren Verteidigungsminister Donald Rumsfeld bei seinem Sachvortrag am nächsten Tag sich wohl hüten wird, obwohl die genaue Bilanz – zum Glück viermal niedriger – bereits bekannt ist.[1]

Nach den Anschlägen auf das World Trade Center ist es ein weiterer Schock für die ganze Welt: Die mächtigste Armee der Welt war nicht in der Lage, ihre eigene Schaltzentrale zu schützen, und hat starke Verluste hinnehmen müssen. Die Vereinigten Staaten, die für unbesiegbar gehalten wurden, sind sogar auf eigenem Boden verwundbar.

*

* *

Auf den ersten Blick sind die Fakten unbestreitbar. Und dennoch: Sobald man ins Detail geht, werden die offiziellen Erklärungen wirr und widersprüchlich.

Die Fluglotsen der zivilen Luftfahrt (Federal Aviation Administration – FAA) haben gegenüber den Reportern des *Christian Science Monitor*[2] erklärt, die Boeing sei gegen 8 Uhr 55 auf neunundzwanzigtausend Fuß gesunken und habe auf Befehle und Aufforderungen nicht geantwortet. Ihr Transponder (Antwortsender) sei dann still geworden, so daß sie zunächst an einen Stromausfall geglaubt hätten. Der Pilot, der immer noch nicht antwortete, habe dann ab und zu seinen Funk eingeschaltet, wobei eine Stimme mit starkem arabischen Akzent, die ihn bedrohte, zu hören gewesen sei. Das Flugzeug habe dann kehrtgemacht Richtung Washington, und sie hätten seine Spur verloren.

---

1 *DoD News Briefing*, 12. September 2001, 15 Uhr 25.
2 *Special Edition, Christian Science Monitor* vom 17. September 2001, abrufbar unter: http://www.cs.monitor.com/pdf/csm20010917.pdf

Gemäß den geltenden Vorschriften hatten die Fluglotsen dem Sitz der FAA die Entführung mitgeteilt. Die meisten Verantwortlichen auf nationaler Ebene waren allerdings nicht anwesend; sie hielten sich wegen eines Fachkongresses in Kanada auf. In der allgemeinen Panik, die an jenem Tag herrschte, glaubten ihre Vertreter im Sitz der FAA die x-te Mitteilung bezüglich des zweiten, Richtung New York entführten Flugzeugs erhalten zu haben. Erst nach einer halben Stunde begriffen sie endlich, daß es sich um eine dritte Flugzeugentführung handelte, und setzten die Militärbehörde in Kenntnis. Durch dieses Versehen gingen neunundzwanzig kostbare Minuten verloren.

Von der senatorischen Kommission der Streitkräfte am 13. September befragt, zeigte sich der US-Generalstabschef, General Richard Myers[1], außerstande, über die Maßnahmen zu berichten, die zum Abfangen der Boeing getroffen wurden. Aus diesem belebten Austausch mit der höchsten Militärbehörde schlossen die Parlamentarier, daß keine Abfangaktion eingeleitet wurde. (Der Text der Anhörung im Anhang ist unbedingt zu lesen!) Kann man aber annehmen, daß die Armee der Vereinigten Staaten sich während der Anschläge passiv verhalten habe?

Um die verheerende Wirkung dieser Anhörung zu vereiteln, veröffentlichte der NORAD (North America Aerospace Defense Command) ein Kommuniqué[2] am 14. Sep-

1 Abrufbar unter: http://www.senate.gov/~armed_services

2 Abrufbar unter: http://www.peterson.af.mil/norad/presrelNORADTimelines. Siehe auch: *Military Alert Before Attacks* von Bradley Graham, in *The Washington Post* vom 15. September 2001. Abrufbar unter: http://www.washintonpost.com. Und: *US Jets Were Just Eight Minutes Away from Shooting Down Hijacked Plane* von Andrew Gumbel bel, in *The Independent* vom 20. September 2001. Abrufbar unter: http:// news.independent.co.uk.

tember. Die Gedächtnislücken von General Richard Myers stopfend, gab er an, von der Entführung erst im 9 Uhr 24 in Kenntnis gesetzt worden zu sein. Er versicherte, sofort zwei F-16-Jägern vom Stützpunkt Langley (Virginia) den Befehl erteilt zu haben, die Boeing abzufangen. Da aber die Air Force nicht gewußt habe, wo sie sich befand, habe sie angenommen, sie würde einen neuen Anschlag in New York verüben, und habe die Jäger Richtung Norden geschickt. Ein Militärtransportflugzeug, der vom Stützpunkt des US-Präsidenten in St. Andrew abflog, sei der Boeing zufällig begegnet und habe sie identifiziert. Zu spät.

Es ist nicht gewiß, ob die Darstellung des NORAD zufriedenstellender ist als die des Generalstabschefs. Kann man glauben, daß das Radarsystem der US-Armee nicht in der Lage ist, eine Boeing in einem Umkreis von ein paar Dutzend Kilometern zu lokalisieren¿ Und daß ein großes Linienflugzeug die mächtigen F-16, die ihm nachjagen sollten, abhängen kann¿

Vorausgesetzt, die Boeing hätte dieses erste Hindernis genommen, dann hätte sie beim Anflug auf das Pentagon abgeschossen werden müssen. Das Sicherheitssystem, das das Verteidigungsministerium schützt, ist natürlich ein Militärgeheimnis – ebenso wie das im Weißen Haus. Höchstens weiß man, daß es nach einer Reihe von Zwischenfällen im Jahre 1994, unter anderem der Landung einer kleinen Cesna 150L auf dem Rasen des Weißen Hauses, völlig überdacht[1] wurde. Man weiß außerdem, daß dieses Flugabwehrsystem über fünf Batterien Abwehrraketen, die auf dem Pentagon aufgestellt sind, so-

1 Siehe *Public Report of the White House Secrurity Review* (10. Mai 1955). Abrufbar unter: http://www.fas.org/irp/agency/ustreas/usss/t1pubrpthtml

wie über Jagdflugzeuge, die auf dem Stützpunkt des US-Präsidenten in St. Andrew stationiert sind, verfügt.[1] Zwei Kampfeinheiten sind dort ständig stationiert: die 113. Fighter Wing der Air Force und die 321. Fighter Attack der Marine. Beide Einheiten sind jeweils mit Flugzeugen vom Typ F-16 und F/A-18 ausgerüstet und hätten die Boeing niemals anfliegen lassen dürfen.

Aber wie der Sprecher des Pentagons, Oberstleutnant Vic Warzinski, sagte: *„Wir waren uns nicht bewußt, daß dieses Flugzeug auf uns zuflog, und ich zweifle, daß vor Dienstag* [11. September] *jemand etwas Derartiges hätte voraussehen können."*[2]

Nachdem die Boeing ihre Verfolger in die Irre geführt und das ausgeklügelteste Abwehrsystem problemlos überwunden hatte, beendete sie also ihren Flug auf dem Pentagon.

Die Boeing vom Typ 757-2002[3] ist eine Frachtmaschine, die zweihundertneununddreißig Passagiere mitnehmen kann. Sie ist 47,32 m lang und hat eine Flügelspannweite von 38,05 m. Vollgepackt wiegt dieser Koloß hundertfünfzehn Tonnen und erreicht immerhin eine Reisegeschwindigkeit von 900 km/h.

Das Pentagon[4] ist seinerseits das größte Verwaltungsgebäude der Welt. Dreiundzwanzigtausend Menschen arbeiten dort an jedem Tag. Seine originelle Grundform

---

1 Offizielle Seite des Stützpunkts St. Andrew, abrufbar unter: http://www.dcmilitary.com/baseguides/airforce/andrews

2 In *Newsday* vom 23. September 2001.

3 Laut Angaben des Erbauers. Abrufbar unter: http://www.boeing.com/commercial/757-200/product.htm

4 Virtueller Besuch des Pentagons abrufbar unter: http://www.defenselink.mil/pubs/pentagon

– fünf konzentrische Ringe mit je fünf Seiten – hat ihm den Namen gegeben. Es wurde in der Nähe des Weißen Hauses, jedoch am anderen Ufer des Potomac erbaut. Es befindet sich also nicht in Washington selbst, sondern in Arlington, im benachbarten Staat Virginia.

Um die größten Schäden zu verursachen, hätte die Boeing auf das Dach des Pentagons stürzen müssen. Das wäre im übrigen die einfachste Lösung gewesen: Die Fläche des Gebäudes beträgt neunundzwanzig Acres (1 A = 4447 m^2). Ganz im Gegenteil aber, die Terroristen trafen die kuriose Entscheidung, eine Gebäudefront zu treffen, obwohl sie nur vierundzwanzig Meter hoch ist.

Das Flugzeug näherte sich plötzlich dem Boden, wie wenn es landen wollte. In waagerechter Stellung flog es fast senkrecht herunter, ohne die Beleuchtung der am Pentagon-Parkplatz entlangführenden Autobahn zu beschädigen, weder durch einen Zusammenstoß noch durch die Luftwirkung.

Mit abnehmender Höhe fährt das Fahrwerk automatisch aus. Obwohl die Boeing dann dreizehn Meter hoch ist, was drei Stockwerken entspricht, prallte sie gegen die Fassade des Gebäudes nur in Höhe des Erdgeschosses und des ersten Stockwerks. Das Ganze (siehe Umschlagfoto), ohne den herrlichen Rasen im Vordergrund, die Mauer, den Parkplatz und den Heliport zu beschädigen. Dort befindet sich nämlich ein Landeplatz für kleinere Hubschrauber.

Trotz seines Gewichts (rund hundert Tonnen) und seiner Geschwindigkeit (zwischen 400 und 700 km/h) zerstörte das Flugzeug lediglich den ersten Ring des Gebäudes, was auf dem (nächste Seite rechts oben) stehenden Foto eindeutig zu erkennen ist.

Foto: DoD, Tech. Sgt. Cedric H. Rudisill
www.defenselink.mil.photos/Sep2001/010914-F-8006R-002.html

Der Aufprall wurde im gesamten Pentagon gespürt. Der Treibstoff des Flugzeugs, der in den Flügeln der Maschine untergebracht ist, entzündete sich, und das Feuer verbreitete sich im Gebäude. Hundertfünfundzwanzig Personen fanden dabei den Tod, zu denen die vierundsechzig Passagiere am Bord der Boeing hinzukommen.

Der Zufall (¿) wollte es, daß das Flugzeug gegen einen Teil des Pentagons prallte, der gerade renoviert wurde. Man war dort damit beschäftigt, die vollkommen neue Kommandozentrale der Navy[1] fertig einzurichten. Mehrere Büroräume waren nicht besetzt, andere waren es nur mit Zivilpersonal, das mit der Einrichtung betraut war. Das erklärt, weshalb die Opfer mehrheitlich Angehörige des Zivilpersonals waren und sich unter den Militäropfern nur ein einziger General befand.

---

1 *Inside the Ring*, Chronik von Bill Gertz, in *Washington Times* vom 21. September 2001. Abrufbar unter: http.//www.washtimes.com

Eine halbe Stunde später stürzten die oberen Stockwerke ein.

Foto: U.S. Marine Corps, Cpl. Jason Ingersoll
jecc.afis.osd.mil/images/sres.pl?Lboxcap=356243&dir=Photo&vn=&ttl=010911-M-41221-021&ref=defenselink

Foto: Jim Garamone, *American Forces Press Service*
www.defenselink.mil/news/Sep2001/n09112001200109114.html

Diese ersten Einzelheiten sind kaum wahrscheinlich, während die übrige offizielle Darstellung ganz und gar unmöglich ist.

Setzt man die Form des Flugzeugs in das Satellitenfoto ein, so stellt man fest, daß nur die Nase der Boeing in das Gebäude eindrang. Flugzeugrumpf und Flügel blieben draußen.

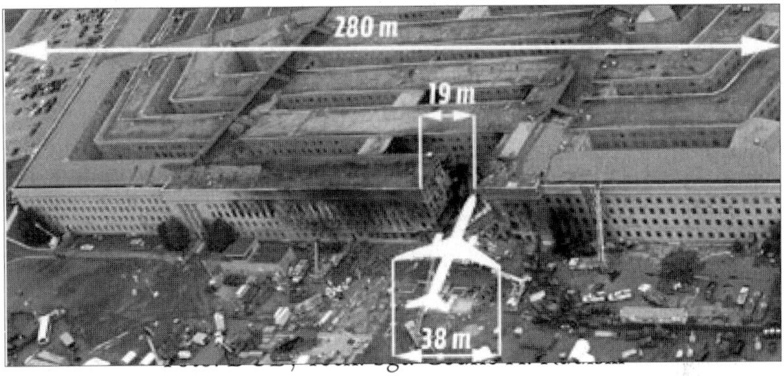

www.defenselink.mil.photos/Sep2001/010914-F-8006R-006.html

Das Flugzeug blieb plötzlich stehen, ohne daß die Flügel die Fassade berührten. Keine Aufschlagsspur ist sichtbar außer derjenigen, die die Nase der Boeing hinterlassen hat.

Demnach müßten die Flügel und der Rumpf draußen, eigentlich auf dem Rasen, sichtbar sein.

Während die Nase des Flugzeugs aus Karbon hergestellt ist und die den Treibstoff enthaltenden Flügel brennen können, besteht der Rumpf der Boeing aus Aluminium und die Reaktoren aus Stahl. Nach dem Brand wird die Maschine zwangsläufig ein verkohltes Wrack hinterlassen. Wenn sich der Leser das Foto der Associated Press (auf der vorderen Umschlagseite) noch einmal ansieht, wird er eindeutig feststellen, daß es kein Flugzeug gibt. Die Aufnahme wurde dennoch gleich in den ersten Minuten gemacht: Feuerwehrwagen sind eingetroffen, die Feuerwehrleute sind aber noch nicht ausgeschwärmt. Auf der Pressekonferenz vom 12. September erklärte der zuständige Feuerwehrchef der Grafschaft Arlington, Edward P. Plaugher, daß sich seine Männer bemüht hätten, die Ausdehnung des Feuers im Pentagon zu verhindern, daß sie aber vom eigentlichen Standort des Aufpralls ferngehalten worden seien.[1] Nur die Sondermannschaften der FEMA (Urban Search and Rescue) hätten in der unmittelbaren Nähe des Flugzeugs eingegriffen.

Nun setzte ein geradezu irrer Dialog ein:

Ein Journalist: *„Was bleibt von der Maschine übrig?"*

Feuerwehrchef Plaugher: *„Was die Maschine zunächst betrifft, gibt es ein paar Bruchstücke, die man während der besagten Brandbekämpfung von innen sehen konnte. Es handelte sich aber nicht um größere Teile. Mit anderen Worten, es gibt keine Rumpfteile oder dergleichen."*

[...] Der Journalist: *„Kommandant, kleine Teile des Flugzeugs sind überall verstreut, sogar auf der Autobahn – winzige Teile. Würden Sie sagen, daß die Maschine explodiert ist, buchstäblich explodiert, durch den Treibstoff beim Aufprall oder?..."*

Plaugher: *„Wissen Sie, ich möchte mich zu diesem Thema lieber nicht äußern. Wir haben zahlreiche Augenzeugen, die viel besser in der Lage sind, Sie über das, was sich beim Anflug der Maschine abgespielt hat, zu informieren. Also, wir wissen es nicht. Ich weiß es auch nicht."* [...]

Ein Journalist: *„Wo ist der Treibstoff des Flugzeugs geblieben?..."*
Plaugher: *„Wie haben so etwas wie eine Pfütze gerade an der Stelle, wo wir die Nase des Flugzeugs vermuten."* [sic]

1 Pressekonferenz unter dem Vorsitz des stellv. Verteidigungsministers Victoria Clarke, Pentagon, 12. September 2001. Abrufbar unter: http://www.defenselink.mil/news/Sep2001/t09122001t0912asd.html

Obwohl Personen des offiziellen Lebens, Parlamentarier und Militärs, gesehen haben wollen, wie die Maschine abstürzte, hat also niemand den geringsten Flugzeugteil, nicht einmal das Fahrwerk, gesehen: Es liegen lediglich Metallteile vor, die nicht identifizierbar sind. Die Überwachungskameras auf dem Parkplatz des Pentagons haben ihrerseits die Boeing nicht gesehen, zu keinem Zeitpunkt und unter welchem Blickwinkel auch immer.

Fassen wir die offizielle Darstellung zusammen: Eine entführte Boeing habe F-16-Jäger, die ihr nachjagten, abgehängt und Washingtons Abwehrsystem unterlaufen. Sie sei in waagerechter Stellung senkrecht auf dem Parkplatz des Pentagons gelandet. Sie sei gegen die Fassade in Erdgeschoßhöhe geprallt. Sie sei mit Nase und Rumpf ins Gebäude eingedrungen. Einer der Flügel (möglicherweise beide) habe draußen gebrannt, wohingegen sich der Rumpf im Inneren aufgelöst habe. Der in den Flügeln enthaltene Treibstoff habe nur die Zeit gebrannt, um das Gebäude in Brand zu stecken, und habe sich dann in eine Pfütze verwandelt, die zum vermeintlichen Standort der Nase der Maschine gewandert sei.

Bei allem Respekt, der der hohen Qualität der *„Augenzeugen"*, Offiziere und Parlamentarier, zu zollen sein mag, kann man solchen Unsinn unmöglich schlucken. Die Qualität dieser Augenzeugen kreditiert keineswegs ihre Aussagen, sondern unterstreicht lediglich das Ausmaß der Mittel, die die US-Armee zur Fälschung der Wahrheit entfaltet hat.

Alles in allem wurde diese verrückte Lügengeschichte allmählich konstruiert, wobei die eine Lüge die nächste hervorrief. Wenn sich der Leser auf das erste, zu Beginn dieses Kapitels angeführte Kommuniqué des Pentagons bezieht, wird er feststellen, daß darin von der Boeing nicht die Rede ist. Die Theorie vom *„Selbstmord-Flugzeug"* ist erst eine halbe Stunde später aufgekommen. Bei der Anhörung des Generalstabschefs war von Jägern, die das Gespensterflugzeug abzufangen versuchten, ebensowenig die Rede. Erst zwei Tage später erdichete der NORAD den Irrflug der F-16.

*

* *

Die offizielle Darstellung ist reine Propaganda. Es bleibt trotzdem dabei, daß hundertfünfundzwanzig Menschen im Pentagon umgekommen sind und daß ein Flugzeug mit vierundsechzig Passagieren an Bord verschwunden ist. Was ist die Ursache der Explosion, die das Pentagon traf? Was ist aus dem Flug 077 von American Airlines geworden? Sind die Passagiere tot? Wenn ja, wer hat sie getötet und warum? Wenn nicht, wo sind sie? So viele unangenehme Fragen, die die US-Administration beantworten muß.

Wir fragen uns aber vor allem, was die offizielle Darstellung zu vertuschen versucht. Einen Tag nach dem Anschlag befragt, erklärte General Wesley Clark, der ehemalige NATO-Oberbefehlshaber während des Kosovokrieges, gegenüber CNN: *„Seit einiger Zeit wußten wir Bescheid, daß bestimmte Gruppen* [einen Angriff auf das Pentagon] *planten, natürlich wußten wir nicht genug* [um zu handeln]."[1] Diese geheimnisvolle Behauptung bezieht sich in keiner Weise auf einen ausländischen Aggressor, sondern auf Drohungen, die rechtsextremistische Milizen gegenüber dem Pentagon ausgesprochen haben. Sie läßt

1 *Nation's Capital Under State of Emergency*, CNN, 12. September 2001: http://www.cnn.com (ursprünglicher Standort des Artikels: http://www. cnn.com/2001/US/09/11/dc.terrorism/index.htlm).

die geheimen Konfrontationen erahnen, die die US-Führungskaste spalten.

CNN befragte Hosni Mubarak am 15. September.[1] Zu diesem Zeitpunkt verfügte der ägyptische Staatspräsident nicht über die gleichen Informationen wie wir. Er kannte nicht, was wir durch eine detaillierte Analyse des Anschlags wissen. Dagegen besaß er vertrauliche Informationen über die Vorbereitung des Anschlags, die er der amerikanischen Regierung mehrere Wochen zuvor weitergeleitet hatte.

Präsident Mubarak: „[...] *Kein einziger Geheimdienst der Welt hatte die Möglichkeit zu sagen, daß sie Personenflüge benutzen würden, um gegen die Türme und das Pentagon zu prallen. Die, die das getan haben, müssen dieses Gebiet lange Zeit überflogen haben. Zum Beispiel: Das Pentagon ist nicht sehr hoch. Um das Pentagon so direkt anzufliegen, muß ein Pilot dieses Gebiet oft überflogen haben, um die Hindernisse zu kennen, denen er mit einer großen Personenmaschine bei sehr niedriger Flughöhe begegnen würde, bevor er das Pentagon an einer bestimmten Stelle trifft. Jemand hat dies sehr genau studiert, jemand hat dieses Gebiet lange Zeit überflogen".*

CNN: *„Deuten Sie an, daß es sich um eine inländische Operation gehandelt haben könnte? Darf ich Sie fragen, wer Ihrer Meinung nach dahinter steckt?"*

Präsident Mubarak: *„Offen gesagt, kann ich keine übereilten Schlüsse ziehen. Wenn Sie in den USA einen erwischen, dann geht das Gerücht um, und Sie sagen: ‚Oh, er ist kein Ägypter, er ist ein Saudi, ein Emirati... das sind alles Araber; die Leute denken, daß es die Araber sind... Es ist besser zu warten.' Erin-*

1 Vollständiger Text verfügbar auf dem Server des Amts des ägyptischen Staatspräsidenten. Abrufbar unter: http:/www.presidency.gov.eg/html/14-Sept2001_press_2.htlm

nern Sie sich an Oklahoma City. Gerüchte kamen sofort auf, um die Araber zu bezichtigen. Die Araber waren es nicht, wie Sie wissen... Lassen Sie uns also die Untersuchungsergebnisse abwarten. Denn für in Florida ausgebildete Piloten ist es nicht leichtsolche Taten in den USA zu verüben. Es sind so viele Menschen, die zum Erwerb des Flugscheins trainieren, das bedeutet aber nicht, daß sie solcher terroristischen Aktionen fähig sind. Das sage ich Ihnen als ehemaliger Pilot. Ich kenne mich aus, ich habe sehr große Maschinen geflogen, auch Jagdflugzeuge. Ich kenne mich da sehr gut aus, das sind keine leichten Sachen, deshalb sollten wir keine zu schnellen Schlüsse ziehen."

Wenn die Bush-Administration den Anschlag auf das Pentagon verfälscht hat, um innere Probleme zu vertuschen, könnte es sein, daß sie auch manche Elemente im Zusammenhang mit den Anschlägen auf das World Trade Center verheimlicht hat?

Kapitel 2

Komplizen am Boden

Erinnern wir uns an die Darstellung der Anschläge von New York. Am Dienstag, dem 11. September 2001, unterbricht der Nachrichtensender CNN seine Programme um 8 Uhr 50, um zu melden, daß ein Linienflugzeug gegen den Nordturm des World Trade Center geprallt ist. Da der Sender keine Bilder von der Katastrophe hat, bringt er eine statische Einstellung von den Dächern von Manhattan, auf der die aus dem Turm herausdringenden Rauchwolken zu sehen sind.

Auf den ersten Blick handelt es sich um ein spektakuläres Flugzeugunglück. Die amerikanischen Fluggesellschaften, die am Rande des Bankrotts stehen, unterhalten ihre Luftflotte immer schlechter. Die Fluglotsen bieten eine wenig zuverlässige Dienstleistung. Die allgemeine Deregulierung erlaubt das anarchische Fliegen über Ballungsräumen. Was irgendwann passieren mußte, ist also eingetroffen.

Daß dieser Absturz auch kein Unfall sein könnte, ist jedoch nicht auszuschließen, wie CNN es sofort in Betracht zog. Es würde sich dann um einen Terrorakt handeln. Es sei daran erinnert, daß am 26. Februar 1993 eine Autobombe im zweiten Untergeschoß des WTC-Parkhauses explodierte und dabei sechs Tote und rund eintausend Verletzte gefordert hatte. Der Anschlag wurde seinerzeit einer islamistischen Organisation zugeschrieben, die Scheich Umar Abd al-Rahman von New York aus leitete. Wenn der *Crash* ein Terroranschlag ist, so die CNN-Kommentatoren, dann ist er das Werk eines anderen Islamisten, des saudischen Ex-Milliardärs Osama bin Laden. In einer fatwa vom 23. August 1996 hat dieser nach Afghanistan geflüchtete Finanzier zum Heiligen Krieg gegen die USA und Israel aufgerufen. Ihm werden die Anschläge zugeschrieben, die am 7. August 1998 gegen die US-Botschaften in Nairobi (Kenia) und Dar-es-Salaam (Tansania) verübt wurden. In wenigen Jahren ist er in den USA zum *„Staatsfeind Nummer eins"* geworden. Der FBI hat fünf Millionen Dollar auf seinen Kopf ausgesetzt. Der Sicherheitsrat der UNO hat bei der Taliban-Regierung um seine Auslieferung nachgesucht. Seit dem 5. Februar 2001 sind die USA ohnehin dabei, ihn in New York in Abwesenheit zu verurteilen.

Die einzelnen amerikanischen Fernsehsender bringen sodann Live-Sendungen aus New York. Um 9 Uhr 03 prallt ein zweites Linienflugzeug gegen den Südturm des World Trade Center. Der Aufschlag findet zu dem Zeitpunkt statt, da zahlreiche Fernsehstationen Bilder vom brennenden Nordturm senden. Er wird also unter verschiedenen Blickwinkeln gefilmt und von Millionen von Fernsehzuschauern unmittelbar erlebt. Offensichtlich müssen die USA auf ihrem eigenen Boden terroristischen Handlungen begegnen. Die Behörde des New Yorker Hafens, die Autobombenanschläge befürchtet, läßt alle Brücken und Tunnels im Manhattan-Viertel sperren (siehe mal an, Aktionen von Bodenkommandos werden befürchtet!). Um 9 Uhr 40 informiert die New Yorker Polizei die Bevölkerung, daß weitere Flugzeuge andere Türmen treffen könnten. Um 10 Uhr 00, während ein weiterer Angriff auf das

Pentagon gemeldet wird, stürzt der Südturm des World Trade Center vor laufenden Fernsehkameras ein, dann folgt ihm der Nordturm um 10 Uhr 29. Eine Staubwolke bedeckt Manhattan. Die mögliche Bilanz von mehreren Zehntausend Todesopfern macht die Runde. Das Ausbrennen der Maschinen habe eine so starke Hitze erzeugt, daß die Metallstrukturen der Hochhäuser nachgegeben hätten.

Der Gouverneur von New York, George Pataki läßt sämtliche Ämter seines Staats schließen und fordert die Nationalgarde an. *„In diesen Türmen habe ich Freunde, ich denke an sie, an ihre Familien, und wir werden bestrebt sein, all diejenigen, die von dieser Tragödie betroffen sind, zu unterstützen"*, teilt er mit. Um 11 Uhr 02 äußert sich der Bürgermeister von New York, Rudolph Giuliani, per Telefon über den Radiosender *New York One* und wendet sich an die Bürger seiner Stadt: *„Alle, die sich zur Zeit nicht in Manhattan aufhalten, sollen zu Hause oder im Büro bleiben. Wenn Sie sich mitten im Geschäftszentrum befinden, dann sollen Sie sich in aller Ruhe Richtung Norden, außerhalb des Angriffsbereichs, bewegen, um die Hilfsaktionen nicht zu stören. Wir müssen soviel Menschen wie möglich retten."* Eine dichte Menge, mehrere Zehntausend Menschen, überquert dann die (für den Wagenverkehr bereits gesperrten) Brücken, um aus Manhattan zu fliehen.

Um 17 Uhr 20 stürzt das WCT-Hochhaus 7, das von den Flugzeugen nicht getroffen wurde, ebenfalls ein, ohne allerdings Menschenleben zu fordern. Der New Yorker Notdienst ist der Auffassung, daß das Hochhaus durch den Einsturz der beiden anderen beschädigt wurde. Durch Dominoeffekt seien weitere Hochhäuser in der Umgebung von dem Einsturz bedroht. Das Bürgermeisteramt von New York bestellt dreißigtausend *„body bags"* (Leichensäcke).

Im Laufe des Nachmittags und an den folgenden Tagen wird das Szenario des Angriffs rekonstruiert:

Islamisten aus Bin Ladens-Terrornetz, in Fünfermannschaften organisiert und mit Cuttermessern bewaffnet, haben Linienflugzeuge entführt. Fanatisiert haben sie sich geopfert, indem sie ihre Selbstmordflugzeuge gegen die Türme stürzten.

*

* *

Auf den ersten Blick sind die Fakten unbestreitbar. Je mehr man aber ins Detail kommt, desto mehr treten die Widersprüche zutage.

Beide Flugzeuge identifizierte das FBI als Boeing-Maschinen vom Typ 767, die jeweils im Besitz der American Airlines (Flug 11, Boston–Los Angeles) und der United Airlines (Flug 175, Boston–Los Angeles) waren. Die Fluggesellschaften haben anerkannt, diese Maschinen verloren zu haben.

Durch Passagiere, die während der Operation Angehörige über Handy angerufen haben, wissen wir, daß die Luftpiraten die Reisenden im hinteren Teil des Flugzeugs zusammengefaßt haben, wie das herkömmlicherweise geschieht, um das Cockpit zu isolieren. Ihre Aktion wurde durch die niedrige Passagierzahl erleichtert: einundachtzig im Flug 11 und sechsundfünfzig im Flug 175 bei zweihundertneununddreißig verfügbaren Plätzen je Maschine.

Laut Informationen, die Passagiere über Telefon bekannt gegeben haben, besaßen die Luftpiraten lediglich blanke

Waffen.[1] Nachdem der US-Luftraum geschlossen worden war, landeten alle noch in der Luft befindlichen Flugzeuge und wurden vom FBI durchsucht. In zwei von ihnen – dem Flug 43 (Newark–Los Angeles) und dem Flug 1729 (Newark–San Francisco) fand man die gleichen Cuttermesser, unter Sitzen versteckt. Die Untersuchungsbeamten haben geschlußfolgert, daß alle Luftpiraten das gleiche Cuttermodell benutzen. Später entdeckte die CIA in einem Haus, in dem sich Osama bin Laden in Afghanistan aufgehalten hatte, Säcke voller Cuttermesser – ein ‚Beweis' dafür, daß die Islamisten eine Ausbildung zu deren Handhabung erhalten hatten.

Es ist jedoch schwer vorstellbar, daß der Auftraggeber der Anschläge es versäumt hätte, seinen Männern Schießwaffen zu besorgen, auf die Gefahr hin, daß seine Operation zum Teil oder ganz scheitert. Das ist um so erstaunlicher, als es leichter ist, mit angepaßten Pistolen[2] die Kontrollstellen auf den Flughäfen zu passieren als mit Cuttermessern.

Warum solche Fragen aufwerfen? In der kollektiven Vorstellungswelt schneiden die Araber, also die Islamisten, ihren Opfern bekanntlich gern die Kehle durch. Die Cutter erlauben den Schluß, daß die Luftpiraten allesamt Araber gewesen seien, was aber noch zu beweisen ist.

Vor dem Anflug auf New York mußten die Maschinen ihre Flughöhe erheblich senken, damit die Piloten die Türme frontal und nicht von oben sehen konnten. Vom

1 Mit Ausnahme der Boeing Flug 093, die über Pennsylvania explodierte. Die Passagiere gaben an, daß die Luftpiraten über eine Kiste verfügten, die sie für eine Bombe hielten.
2 Synthetische Pistolen sind von den Sicherheitsschranken an Flughäfen nicht aufspürbar. Siehe unter anderem: http://www.glock.com

Himmel aus gesehen, ähnelt eine Stadt einem Plan, und alle visuellen Orientierungspunkte verschwinden. Um die Türme zu treffen, mußte man bei sehr niedriger Höhe exakt ausgerichtet sein.

Die Piloten haben nicht nur die Höhe des Aufpralls einstellen, sondern auch die Maschinen seitlich ausrichten müssen. Die Breite der Zwillingstürme beträgt dreiundsechzig Meter siebzig. Die Boeing 767 hat eine Flügelspannweite von siebenundvierzig Meter sechzig. Auf den Videoaufnahmen ist zu beobachten, daß die Maschinen genau in die Mitte der Ziele geprallt sind. Bei einer Verlagerung von nur fünfundfünfzig Metern fünfundsechzig hätten die Flugzeuge ihren Einschlagpunkt verpaßt. Bei mittlerer Geschwindigkeit wird diese Entfernung in drei Zehnteln Sekunde zurückgelegt. Angesichts der schlechten Wendigkeit dieser Großmaschinen heißt das ein Kunststück für erfahrene Piloten, geschweige denn für Anfänger.

Das erste Flugzeug kam vollkommen frontal, in Windrichtung, was die Stabilisierung erleichtert hat. Das zweite aber mußte ein kompliziertes Rotationsmanöver vollziehen, das gegen den Wind als besonders schwierig anzusehen ist. Trotzdem prallte auch diese Maschine gegen einen Turm in guter Höhe und in dessen Mitte.

Angesprochene Berufspiloten bestätigten, daß nur wenige unter ihnen in der Lage sind, eine solche Operation in Betracht zu ziehen, und schließen sie bei Amateurpiloten völlig aus. Dagegen gibt es ein unfehlbares Mittel, ein solches Ziel zu erreichen: die Verwendung von Funkbaken. Ein vom Ziel aus gesendetes Signal zieht das Flugzeug an, das nun automatisch gesteuert wird. Die Existenz einer solchen Funkbake im World Trade Center wurde von Funkamateuren bestätigt, die ihr Signal aufgenommen haben. Sie wurde nachgewiesen, weil sie mit den Sendungen der auf den Türmen befindlichen Fernsehantennen interferierte. Möglicherweise wurde das Signal im letzten Moment aktiviert, um zu verhindern, daß man es entdeckt und zerstört. Es ist auch möglich, daß die Angreifer zwei Funkbaken verwendet haben, denn eine einzige hätte trotz der Übereinstimmung der Ziele kaum gereicht. Auf jeden Fall brauchten sie Komplizen am Boden. Und wenn sie welche hatten, dann waren zahlreiche Luftpiraten an Bord nicht notwendig. Nur eine kleine Mannschaft reichte, um die Maschine auf Autopilot einzustellen. Luftpiraten waren übrigens im Flugzeug überhaupt nicht notwendig, da keine Geiseln zu nehmen waren. Durch eine Raubkopie der Bordcomputer vor dem Abflug macht die vom US-Verteidigungsministerium entwickelte *Global Hawk-Technologie*[1] es möglich, die Kontrolle über die Maschine während des Flugs zu übernehmen. Die Boeing wird dann ferngelenkt, wie eine Drohne – ein Flugzeug ohne Pilot.

Danach sind die Zwillingstürme eingestürzt. Die FEMA (Federal Emergency Management Agency) hat die Amerikanische Gesellschaft der Zivilingenieure (ASCE) mit einer Untersuchungskommission betraut. Laut dem Vorbericht habe die Verbrennung des Treibstoffs der Flugzeuge eine ungeheure Hitze entwickelt, die die zentrale Metallstruktur geschwächt habe.

Diese Theorie wird von den New Yorker Feuerwehrvereinigungen sowie von der Fachzeitschrift *Fire Engineering*[2] nachdrücklich verworfen, die anhand von Berechnungen

1 *Global Hawk, the DoD's Newest Unmanned Air Vehicle,* Verteidigungsministerium, Februar 1997. Abrufbar unter: http://www.defenselink.mil/photos/Feb1997/970220-D-0000G-001.html

2 *$elling Out the Investigation*, von Bill Manning, *Fire Engineering*, Januar 2002. Siehe auch: *WTC Investigation? A Call to Action* (Petition, die in derselben Zeitschrift veröffentlicht wurde).

versichern, daß dieses Gerüst dem Feuer lange Zeit hätten widerstehen können. Die Feuerwehrleute behaupten, Explosionen an der Basis der Hochhäuser vernommen zu haben, und fordern eine unabhängige Untersuchung.[1] Sie fragen nach Stoffen, die in den Gebäuden lagerten, und mangels einer Antwort nach kriminellen Explosionen, die ein Team am Boden voraussetzen. Ein bekannter Experte vom *New Mexico Institute of Mining and Technology*, Van Romero, versichert, daß der Einsturz durch Sprengstoffe verursacht worden sein könne[2]. Unter dem Druck der Öffentlichkeit nimmt er jedoch alles zurück, was er gesagt hat.

Wie dem auch sei, der Absturz der Flugzeuge kann den Einsturz eines dritten Hochhauses, des Turms 7, nicht erklären. Die Amerikanische Gesellschaft der Zivilingenieure hat die Möglichkeit einer Destabilisierung der Fundamente verworfen: Der Turm 7 hat sich nämlich nicht geneigt, sondern ist zusammengestürzt. Die zu stellende Frage heißt nicht mehr: *„Wurde er gesprengt?"*, sondern: *„Welche andere Hypothese läßt sich aufstellen?"*

Nun kommt ein Scoop (Exklusivmeldung) der *New York Times*[3] dazwischen. Das World Trade Center, das als ziviles Ziel angesehen wurde, habe ein geheimes Militärziel beherbergt. Möglicherweise sind Tausende von Menschen umgekommen, weil sie ohne ihr Wissen als men-

1 Zum Beispiel Zeugenaussage des Feuerwehrmannes Louie Cacchioli (Brigade 47). Abrufbar unter: http://www.people.aol.com/people/special/0,11859,174592-3,00.html

2 *Explosives Planted in Towers*, von Olivier Uyttebrouck in *Albuquerque Journal* vom 11. September 2001. Widerruf in *Fire, Not Extra Explosives, Doomed Buildings, Expert Says* von John Fleck, in *Albuquerque Journal* vom 21. September 2001. Abrufbar unter: http://www.abqjournal.com

3 *Secret C.I.A. Site in New York was Destroyed on Sept. 11*, von James Risen, in *The New York Times*, 4. November 2001. Abrufbar unter: http://www.nytimes.com

schliches Schutzschild dienten. Der Turm 7 – vielleicht aber auch andere Gebäude und die Untergeschosse – tarnte einen Stützpunkt der CIA[1]. Dieser Stützpunkt, der in den fünfziger Jahren als bloße Stelle zur Spionierung der ausländischen UNO-Delegationen fungierte, hatte unter Bill Clinton seinen Tätigkeitsbereich auf die Wirtschaftsspionage in Manhattan illegal erweitert. Die Hauptverwendung des US-amerikanischen Geheimdienstapparats war von der antisowjetischen Spionage auf den Wirtschaftskrieg verlagert worden. Der New Yorker Stützpunkt der CIA war zum bedeutendsten Wirtschaftsspionagezentrum der Welt geworden. Diese Umorientierung des Geheimdiensts war im traditionellsten Zweig der CIA sowie im Generalstab sehr umstritten.

Rückblickend fragt es sich, ob das Ziel des am 26. Februar 1993 im World Trade Center verübten Anschlags (sechs Tote, rund tausend Verletzte) nicht diese geheime Stelle des CIA gewesen ist, auch wenn sie damals bei weitem nicht so ausgebaut war.

Zum Zeitpunkt des ersten Absturzes sollen sich zwischen dreißig- und vierzigtausend Menschen in den Zwillingstürmen befunden haben. Da jeder Turm hundertzehn Stockwerke hatte, hielten sich durchschnittlich mindestens hundertsechsunddreißig Menschen pro Stockwerk auf. Die erste Boeing prallte gegen den Nordturm zwischen dem 80. und dem 85. Stockwerk. Die Menschen,

1 Wir haben Kenntnis von mehreren Zeugenaussagen, denen zufolge sich der Stützpunkt der CIA auf der 9. und 10. Ebene von Turm 7 befand. Als Deckung sei die *New York Electronic Crime Task Force* benutzt worden. Dieselben Quellen haben uns Fotoaufnahmen von Turm 7 nach dem Einsturz des Südturms vermittelt, auf denen ein Brand auf der 9. Ebene deutlich zu sehen ist. Abrufbar unter: http://members.aol.com/erichuf/eh_wtc16.jpg. Wir waren nicht in der Lage, die Echtheit der Fotos und der Information zu überprüfen.

die sich auf diesen Ebenen aufhielten, kamen sofort um, entweder bei dem Aufprall oder im daraufhin entstandenen Brand. Die Menschen, die sich in den höheren Stockwerken befanden, gingen in die Falle, da sich der Brand nach oben ausbreitete. Manche haben es vorgezogen, sich in die Tiefe zu stürzen, statt in den Flammen umzukommen. Letzten Endes stürzte das Gerüst des Gebäudes zusammen. Alle in den oberen Etagen befindlichen Menschen sind demnach gestorben. Nach einer Durchschnittsberechnung müssen es mindestens viertausendachtzig an der Zahl gewesen sein.

Laut der offiziellen Bilanz vom 9. Februar 2002 hätten die beiden Anschläge von New York insgesamt jedoch zweitausendachthundertdreiundvierzig Menschenleben gefordert (diese Gesamtzahl enthält die Passagiere und das Flugpersonal der beiden Boeing-Maschinen, die Polizisten und Feuerwehrleute, die beim Einsturz der Türme getötet wurden, sowie die Benutzer der Türme).[1] Diese Bilanz liegt weiter unter den ersten Schätzungen und läßt darauf schließen, daß allem Anschein zum Trotz die Anschläge nicht darauf abzielten, Menschenverluste in maximalem Umfang zu verursachen. Eine vorangehende Intervention muß vielmehr stattgefunden haben, damit zahlreiche Personen – zumindest diejenigen, die in den oberen Stockwerken arbeiteten – zum gegebenen Zeitpunkt nicht in ihren Büroräumen waren.

So berichtete die israelische Tageszeitung *Ha'aretz*, daß die Firma Odigo, ein führendes Unternehmen auf dem Gebiet der elektronischen Post, Alarmmeldungen von

1 *Die letzte Bilanz der Opfer des World Trade Center beträgt 2843 Tote*, Eilmeldung von *Associated Press* vom 9. Februar 2002. Diese Zahl ist die von der Stadt New York angegebene. Die Presseagentur kommt ihrerseits mit 2799 Todesopfern zu einer niedrigeren Zahl.

anonymer Seite erhalten habe, die sie von den New Yorker Anschlägen in Kenntnis setzten, und zwar zwei Stunden, bevor diese erfolgten. Der Firmenleiter, Micha Macover, bestätigte den Vorgang gegenüber der Tageszeitung[1]. Warnungen aller Art könnten an die Insassen des Nordturms gerichtet worden sein, auch wenn vermutlich nicht alle diese Warnungen in gleicher Weise ernstgenommen haben.

Hier ist ein ähnliches Schema zu beobachten wie beim Anschlag, der am 19. April 1995 in Oklahoma City verübt wurde. An jenem Tag waren die meisten Beamten, die im bundesstaatlichen Hochhaus tätig waren, für den halben Tag beurlaubt worden, so daß die Autobombe nur hundertachtundsechzig Menschen tötete. Inzwischen wissen wir, daß hinter dem Anschlag Militärs standen, die einer chauvinistischen, vom FBI unterwanderten Organisation angehörten.[2]

---

1 *Ha'aretz* vom 26. September 2001. Abrufbar unter: http://www.haaretzdaily.com/ Die Information übernahm Daniel Sieberg bei CNN: *FBI Probing „Threatening" Message, Firm Says* (28. September). Abrufbar unter: http://www.cnn.com. Siehe auch: *Instant Messages to Israel Warned of WTC Attack* von Brian McWilliams, in *Newsbytes* vom 27. September, und *Odigo Clarifies Attack Messages* vom selben Autor in der Ausgabe des nächsten Tages. Abrufbar unter: http://www.newsbytes.com. Diese Information wurde in entstellter Form von einem *Al-Jezeera*-Kommentator verbreitet, der mit ihr untermauern wollte, daß der Mossad die Anschläge verübt und die im WTC beschäftigten jüdischen Angestellten vorher gewarnt habe. Der katarische Fernsehsender entließ sofort den fabulierenden Journalisten.
2 *A Force upon the Plain: the American Militia Movement and the Politics of Hate* von Kenneth Stern, Simon & Schuster ed., 1996. Siehe auch den ersten Teil von *The Secret Life of Bill Clinton: the Unreported Stories* von Ambrose Evans-Pritchard, Regnery Publishing, 1997.

In Oklahoma City hatte der FBI also einen Anschlag verüben lassen, von dem er informiert worden war, dessen Tragweite er jedoch begrenzt hatte.

Lesen wir nun folgendes seltsames Geständnis von US-Präsident George W. Bush.[1] Das war am 4. Dezember 2001, bei einer Kundgebung in Orlando.

Frage: *Herr Präsident, ich möchte zum einen sagen, daß Sie nie eine Vorstellung dessen haben werden, was Sie für unser Land getan haben. Zum anderen möchte ich Sie fragen, was Sie empfunden haben, als Sie vom Terroranschlag in Kenntnis gesetzt wurden.*

US-Präsident George W. Bush: *Danke Jordan! Wissen Sie, Jordan, Sie werden mir nicht glauben, wenn ich Ihnen sage, in welchen Zustand mich die Nachricht von diesem Terroranschlag versetzt hat. Ich befand mich in Florida. Und mein Generalsekretär Andy Card – eigentlich befand ich mich in einem Klassenraum und sprach über ein besonders wirksames Programm zum Lesenlernen. Ich saß außerhalb des Klassenraums und wartete, daß ich hineinkam. Ich sah auf einmal, wie ein Flugzeug gegen den Turm prallte – der Fernseher war natürlich an. Und da ich selber Pilot gewesen bin, dachte ich, es sei ein furchtbarer Pilot. Ich sagte, es müsse sich um ein schreckliches Flugunglück handeln. Doch wurde ich ins Klassenzimmer geführt und hatte kaum Zeit, weiter darüber nachzudenken. Ich saß also im Klassenraum, und Andy Card, mein Generalsekretär, den Sie dort sitzend sehen, kam herein und sagte mir: ‚Eine zweite Maschine ist gegen den Turm geprallt, Amerika wird angegriffen'.*

Anfangs wußte ich eigentlich nicht, was ich denken sollte, Jordan. Wissen Sie, ich bin in einer Zeit großgeworden, wo ich

1 *Remarks by the President in Town Hall Meeting*, Orange County Convention Center, Orlando, Florida. Abrufbar unter: http://www.whitehouse.gov/news/releases/2001/12/print/20011204-17.htlm

nie auf die Idee kam, daß Amerika jemals angegriffen werden könnte – wahrscheinlich dachten Ihr Vater und Ihre Mutter damals genauso wie ich. Und in dieser kurzen Zeitspanne habe ich angefangen, intensiv darüber nachzudenken, was das heißt, angegriffen zu werden. Und ich wußte eins: Sollte ich im Besitz aller Fakten sein, die belegen, daß wir angegriffen wurden, dann wäre die Hölle der Preis dafür, sich an Amerika vergriffen zu haben [Applaus].*"*

Seinen eigenen Aussagen zufolge sah der US-Präsident Bilder vom ersten Absturz, bevor der zweite sich ereignete. Diese Bilder können nicht diejenigen sein, die Jules und Gédéon Naudet gedreht haben. Die Gebrüder Naudet drehten nämlich den ganzen Tag im World Trade Center, und ihr Video wurde von der Agentur *Gamma* erst dreizehn Stunden später vertrieben. Es handelt sich also um geheime Aufnahmen, die Bush unverzüglich übertragen wurden, und zwar im Kommunikationsraum, der im Hinblick auf seinen Besuch in der Grundschule aufgebaut worden war. Die US-Geheimdienste konnten den ersten Anschlag aber nur dann filmen, wenn sie vorher in Kenntnis gesetzt wurden. Und warum haben sie dann nichts unternommen, um das Leben ihrer Landsleute zu retten?

Fassen wir unsere Informationen zusammen: Die Terroristen verfügten über die logistische Unterstützung von Bodenteams. Sie haben eine oder zwei Funkbaken aktiviert, die in den Türmen Beschäftigten gewarnt, um die menschliche Katastrophe zu beschränken, und drei Hochhäuser gesprengt. Das Ganze unter den Augen ebenso aufmerksamer wie passiver Geheimdienste.

Kann eine solche Operation von einer afghanischen Höhle aus ins Auge gefaßt, geleitet und mit einer Handvoll Islamisten verwirklicht werden?

Kapitel 3

Maulwürfe im Weißen Haus

Kommen wir wieder zur offiziellen Darstellung jenes schrecklichen Tages. Als Reaktion auf die beiden in New York erfolgten Anschläge aktiviert FBI-Direktor Robert Mueller III den CONPLAN[1]: Sämtliche Regierungsstellen werden über die Katastrophe informiert und darum gebeten, sich dem Zentrum für Operationen und strategische Information (SIOC) des FBI sowie der Gruppe für Antworten auf Katastrophensituationen (CDRG) der Bundesagentur für Krisenverwaltung (FEMA) zur Verfügung zu stellen. Die wichtigsten Stätten, die Menschen zusammenbringen und der Schauplatz terroristischer Handlungen sein könnten, werden evakuiert und geschlossen.

Plötzlich, gegen zehn Uhr, löst das Secret Service (also die staatliche Stelle zum Schutz hoher Persönlichkeiten) einen Alarm neuen Typs aus: Weißes Haus und Air Force One sind bedroht. Vizepräsident Dick Cheney wird ins PEOC (Presidential Emergency Operations Center) gebracht, den unterirdischen Kommandostand, der unter dem Westflügel des Weißen Hauses liegt. Der Plan zur

1 Der United States Government Interagency Domestic Terrorism Concept of Operation Plan (CONPLAN), abrufbar unter: http://www.fbi.gov/publications/conplan/conplan.pdf

Kontinuität der Regierung (CoG) wird aktiviert. Die führenden Politiker des Landes, Mitglieder der Regierung und des Kongresses, werden an sichere Orte gebracht. Hubschrauber der Marines fliegen sie in zwei gigantische Atomschutzbunker: den Hight Point Special Facility (Mount Weather, Virginia) und das Alternate Joint Communication Center, genannt ›Site R‹ (Raven Rock Mountain, bei Camp David); das sind richtige unterirdische Städte, Überbleibsel des Kalten Krieges, in denen Tausende von Menschen Schutz finden können.

George W. Bush, der nach Washington fliegt, ändert seinerseits den Kurs. Die Präsidentenmaschine, die Air Force One, fliegt zunächst den Stützpunkt Barksdale (Louisiana), dann den Stützpunkt Offutt (Nebraska) an. Letzterer ist der Sitz des US Strategic Command, das heißt des Knotenpunkts, wo sich die Atomkraft zur Abschreckung aktiviert. Zwischen den Stützpunkten bewegt sich die Präsidentenmaschine in niedriger Flughöhe, fliegt im Zickzack und wird von Jagdflugzeugen eskortiert. Auf den Stützpunkten überquert der Präsident die Rollfelder an Bord von Panzerfahrzeugen, um den Schüssen von *snipers* (Heckenschützen) zu entgehen.

Diese Maßnahmen zum Schutz der hohen Persönlichkeiten enden erst um 18 Uhr, als George W. Bush wieder in Air Force One steigt, um nach Washington zurückzufliegen.

Zu Gast bei Tim Russert in der Sendung *Meet the Press* (NBC)[1] am 16. September beschreibt Vizepräsident Dick Cheney den vom Secret Service ausgelösten Alarm sowie die Art der Bedrohung (siehe Anhang).

---

1 Der vollständige Text des Gesprächs ist verfügbar unter: http://stacks.msnbc.com/news/629714.asp

Seiner eigenen Aussage zufolge sei der Vizepräsident von seinen Sicherheitsoffizieren plötzlich in Kenntnis gesetzt worden, daß er in Gefahr sei, und sei sodann in den Bunker des Weißen Hauses zwangsevakuiert worden. Eine entführte Boeing, die sich als der Flug 077 herausstellen sollte, kreiste über Washington. Da sie die Orientierungspunkte des Weißen Hauses nicht findet, stürzt sie auf das Pentagon. Während alle hohen Persönlichkeiten von Regierung und Kongreß evakuiert werden, wird der Secret Service über eine neue Drohung gegen Air Force One informiert. Ein weiteres entführtes Flugzeug droht, im Flug an der Präsidentenmaschine zu zerschellen.

*

* *

Auch hier hält die offizielle Darstellung der Analyse nicht stand.

Die Zeugenaussage des Vizepräsidenten zielt darauf ab, die Bedrohung zu identifizieren: Selbstmordflugzeuge flogen Richtung Weißes Haus und Air Force One. Er übernimmt die im ersten Kapitel dieses Buches aufgedeckte Lüge: die von der Boeing des UA-Flugs 077, die auf das Pentagon gestürzt sei. Er setzt sogar noch eins drauf, indem er sich ausmalt, wie das Selbstmordflugzeug auf der Suche nach einem Ziel über Washington kreist. Wir haben jedoch Schwierigkeiten zu glauben, daß der Secret Service, statt die Flugabwehr zu aktivieren, nur noch daran denkt, den Vizepräsidenten in einen Bunkerraum zu evakuieren. Cheney zeigt sich noch einfallsreicher, als er eine neue Linienmaschine erfindet, die gleich einem Wildwest-Cowboy die Präsidentenmaschine Air Force One verfolgt und gegen diese unter dem ohnmächtigen Blick der US Air Force mitten im Flug zu prallen sucht.

Bei allen Ungereimtheiten vermag dieses Märchen es nicht, einzelne Verhaltensformen zu erklären. Wenn sich die Gefahr auf Selbstmordflugzeuge beschränkt, warum schützt man dann den Präsidenten vor möglichen Heckenschützen sogar auf dem Rollfeld strategischer Militärstützpunkte? Wie soll man glauben, daß Islamisten an so beschützten Orten Stellung beziehen konnten?

Dick Cheneys Aussage zielt vor allem darauf ab, die Erklärungen vom Sprecher des Weißen Hauses, Ari Fleischer, und die vertraulichen Mitteilungen des Generalsekretärs des Weißen Hauses, Karl Rove[1], vergessen zu machen. Ihre Informationen hatten dazu angeregt, über mögliche inländische Spuren nachzudenken, dort, wo die Kriegspropaganda nur ausländische Feinde sehen will.

Die Presse[2] vom 12. und 13. September berichtet, daß dem Präsidentensprecher (Ari Fleischer) zufolge der Secret Service eine Meldung der Angreifer erhalten habe, sie gedächten das Weiße Haus und Air Force One zu zerstören. Erstaunlicher: Laut *New York Times* hätten die Angreifer ihre Mitteilung durch Verwendung des Code-Namens des Präsidenten (für Authentifizierung und Nachrichtenübermittlung) untermauert. Noch erstaunlicher: Laut World *Net Daily*[3], unter Berufung auf Geheim-

1 Siehe unter anderem *The Options* von Nicholas Lemann, in *The New Yorker* vom 25. September 2001. Abrufbar unter: http://www.newyorker.com

2 Zum Beispiel: *White House said Targeted* von Sandra Sobieraj, in *Washington Post* vom 12. September 2001. Abrufbar unter: http://www.washingtonpost.com. Und: *Inside the Bunker*, in *The New York Times* vom 13. September 2001. Abrufbar unter: http://www.nytimes.com

3 *Digital Moles in White House? Terrorists Had Top-Secret Presidential Codes*, in *WorldNetDaily* vom 20. September 2001. Abrufbar unter: http:// www.worldnetdaily.com

dienstfunktionäre, seien die Angreifer ebenfalls im Besitz der Code-Namen der Drug Enforcement Administration (DEA), des National Reconnaissance Office (NRO), der Air Force Intelligence (AFI), der Army Intelligence (AI), der Naval Intelligence (NI), der Marine Corps Intelligence (MCI) sowie des Nachrichtendienstes des Außenministeriums und des Ministeriums für Energie gewesen. Über jeden dieser Codes verfügen nur sehr wenige Verantwortliche. Niemand ist ermächtigt, mehrere zu besitzen. Zuzugeben, daß die Angreifer in ihrem Besitz waren, setzt aber voraus, daß es ein Mittel gibt, sie zu knacken, oder daß Maulwürfe jeden dieser Nachrichtendienste unterwandert haben. Es ist offenbar technisch möglich, die Codes der amerikanischen Behörden mit Hilfe des Programms wiederherzustellen, mit dem sie erzeugt wurden: Promis. Nun aber seien die Algorithmen dieses Programms vom FBI-Sonderagenten Robert Hansen gestohlen worden, der im Februar 2001[1] wegen Spionage verhaftet wurde. Der ehemalige CIA-Direktor James Woolsey ist der Auffassung, daß man eher über Maulwürfe an die Codes gelangt sei. Und Woolsey, der heutzutage die Anti-Saddam-Lobby führt, fügt hinzu, daß diese Operation das Werk des gefährlichen irakischen Geheimdienstes sei. Eine dritte Hypothese ist, daß das Secret Service unterwandert sei und sich habe hinters Licht führen lassen: Die Angreifer hätten niemals über diese Codes verfügt, es sei ihnen aber dank Kontakten gelungen, es weiszumachen.

Wie dem auch sei, die Codesaffäre offenbart, daß es einen oder mehrere Verräter auf höchster Ebene des US-Staatsapparats gibt. Gerade sie sind imstande, Hecken-

1 *Bin Laden's Magic Carpet – Secret US Promis Software* von Michel C. Ruppert, in *From the Wilderness* vom 20. November 2001. Abrufbar unter: http://www.copvcia.com

schützen zu postieren, um den Präsidenten sogar innerhalb der strategischen Stützpunkte der US Air Force zu erschießen. Und Präsident Bush benutzt Panzerfahrzeuge auf den Rollfeldern von Barksdale und Offutt, nur um sich vor diesen Fallen zu schützen.

Ein weiterer Aspekt dieser Affäre ist, die Existenz einer gleichzeitigen Verhandlung aufzudecken. Wenn die Angreifer mit dem Secret Service Kontakt aufgenommen und zur Authentifizierung ihres Aufrufs Geheimcodes benutzt haben, dann geschah dies zu einem bestimmten Zweck. Ihre Mitteilung enthielt entweder eine Forderung oder ein Ultimatum. Wenn davon auszugehen ist, daß sich die Drohung gegen Ende des Tages aufgelöst hat, dann läßt sich daraus nur eins schließen: Präsident Bush hat verhandelt und der Erpressung nachgegeben.

Im Besitz der Authentifizierungs- und Nachrichtenübermittlungs-Codes des Weißen Hauses und der Air Force One konnten die Angreifer die Befugnisse des US-Präsidenten an sich reißen. Sie konnten den einzelnen Truppengattungen nach Belieben Anweisungen erteilen und sogar den nuklearen Beschuß aktivieren. George W. Bush hatte nur eine Möglichkeit, seine Armeen weiterhin unter Kontrolle zu haben: sich am Sitz des US Strategic Command in Offutt aufzuhalten und dort jeden Befehl oder Gegenbefehl persönlich zu erteilen. Deshalb begab er sich persönlich vor Ort. Eine direkte Flugverbindung erwies sich wegen Treibstoffmangels als unmöglich. Air Force One, die für niedrige Flüge nicht geeignet ist, hatte ihre Reserven aufgebraucht und konnte im Flug nicht neu betankt werden, ohne sich der Gefahr auszusetzen. Daraufhin wurde eine Zwischenlandung in Barksdale, einem der fünf Ersatzstandorte für Offutt, ins Auge gefaßt.

Die Codes-Affäre ist nicht der einzige Aspekt, der von der offiziellen Darstellung verschwand. Ein weiterer, gebührend dargestellter Vorfall geriet in Vergessenheit. Am 11. September, um 9 Uhr 42, strahlte *ABC* Direktübertragungen von einem Brand im Nebengebäude des Weißen Hauses, dem Old Executive Building, aus. Der Fernsehsender begnügte sich, eine statische Einstellung zu zeigen mit schwarzen Rauchwolken, die aus dem Hochhaus herausdrangen. Keine einzige Information über die Ursache und das genaue Ausmaß des Brandes sickerte durch. Niemand hatte die Unverfrorenheit, den Brand einem Selbstmord-Flugzeug zuzuschieben. Eine Viertelstunde später entführte der Secret Service Dick Cheney aus seinem Büro und ordnete die Evakuierung des Weißen Hauses und des Nebengebäudes an. Scharfschützen waren in der Umgebung des Präsidentenhauses ausgeschwärmt, sie waren mit Panzerfäusten ausgerüstet und in der Lage, einen Angriff abgesetzter Truppen abzuwehren. Kurzum, man mußte einer ganz anderen Gefahr begegnen als derjenigen, die Vizepräsident Cheney später beschrieb.

Lesen wir nun den Text der Erklärung von Präsident Bush, die in Barksdale aufgenommen und durch das Pentagon zeitversetzt um 13 Uhr 04 ausgestrahlt wurde:

„Ich möchte das amerikanische Volk darüber beruhigen, daß alle Kräfte der Bundesregierung die örtlichen Behörden unterstützen, um Menschenleben zu retten und den Opfern dieser Angriffe zu helfen.

Niemand darf sich täuschen: Die Vereinigten Staaten werden die Täter dieser feigen Akte verfolgen und bestrafen.

Ich stehe in ständigem Kontakt mit dem Vizepräsidenten, mit dem Verteidigungsminister, mit dem Nationalsicherheitsrat und mit meinem Kabinett. Wir haben alle geeigneten Sicherheitsmaßnahmen zum Schutz des amerikanischen Volkes getroffen. Unsere Soldaten, in den Vereinigten Staaten und in der ganzen

Welt, stehen in höchstem Alarm, und wir haben die notwendigen Sicherheitsmaßnahmen getroffen, um die Funktionen des Staates fortzusetzen.

Wir haben Kontakt aufgenommen mit den führenden Politikern im Kongreß sowie mit den Regierungschefs in der ganzen Welt und haben ihnen versichert, daß wir alles Notwendige tun werden, um Amerika und die Amerikaner zu beschützen.

Ich bitte das amerikanische Volk, mit mir allen Personen zu danken, die mit ihrer ganzen Energie unseren Landsleuten Hilfe leisten, und für die Opfer und ihre Familien zu beten.

Die Entschlossenheit unserer großen Nation wird auf eine harte Probe gestellt. Aber täuschen Sie sich nicht: Wir werden der Welt zeigen, daß wir diese harte Prüfung bestehen werden. Gott möge uns segnen."

In dieser Ansprache fällt auf, daß der Präsident es beflissentlich vermeidet, die Angreifer zu nennen. Die Begriffe ‚Terrorismus' und ‚Terrorist' verwendet er nicht mehr. Er gibt zu verstehen, daß es sich um den Beginn eines herkömmlichen Militärkonflikts handeln könne – oder auch um etwas ganz anderes. Er spricht von einer *„harten Prüfung"*, die bestanden werde müsse, kündigt aber anscheinend neue Katastrophen an. Noch erstaunlicher: Er liefert keinerlei Erklärung für seine Abwesenheit aus Washington und hinterläßt dabei den Eindruck, als sei er vor einer Gefahr geflohen, der seine Landsleute weiterhin ausgesetzt sind.

Ari Fleischer, der Sprecher des Weißen Hauses, gab an Bord der Air Force One während ihres langen Irrflugs zwei improvisierte Presseerklärungen ab. Mit der gleichen Sorgfalt wie Präsident Bush hat auch er die Begriffe ‚Terrorismus' und ‚Terrorist' vermieden.

In einem solchen Kontext läßt sich die Aktivierung des Verfahrens zur Kontinuität der Regierung (CoG) auf zweierlei Weise deuten. Die einfachste Erklärung ist, zu bedenken, daß man Präsidenten und politische Führungskräfte vor der Aktion von Verrätern schützen mußte, die in der Lage waren, einen Brand im Old Executive Building zu verursachen und die Geheimcodes des Präsidenten und der Nachrichtendienste zu stehlen.

Man kann aber auch ebenso der Auffassung sein, daß der Plan CoG nicht zum Schutz der politischen Führungskräfte vor den Verrätern umgesetzt wurde, sondern von den Verrätern selber, um sie zu isolieren. Die Aussage von Vizepräsident Cheney klingt nämlich merkwürdig. Er behauptet, daß Männer vom Secret Service ihn in seinem Büro entführt und in den Bunker des Weißen Hauses gebracht haben, ohne sein Einverständnis zu bekommen. Er gibt zu verstehen, daß es bei den führenden Mitgliedern der Regierung und des Kongresses nicht anders war. Und wie heißt eine Operation, bei der der Geheimdienst die Volksabgeordneten entführt und ihnen *„zu ihrer Sicherheit"* einen Bunker zuweist, wenn nicht ein Staatsstreich oder zumindest eine Palastrevolution?

*

* *

Fassen wir die verfügbaren Elemente zusammen: Ein Brand ist im Nebengebäude des Weißen Hauses ausgebrochen. Jemand hat sich in einem Telefonanruf beim Secret Service zu den Anschlägen bekannt. Die Angreifer haben Forderungen, möglicherweise ein Ultimatum gestellt und haben ihre Mitteilung untermauert, indem sie die Authentifizierungs- und Nachrichtenübermittlungscodes des Präsidenten benutzten. Der Secret Service hat das Verfahren zur Fortsetzung der Regierung in Gang gesetzt und die wichtigsten Politiker in Sicherheit gebracht.

Der Präsident hat am Nachmittag verhandelt, und Ruhe ist im Laufe des Abends wieder eingekehrt.

Die Anschläge wurden also nicht von einem Fanatiker in Auftrag gegeben, der eine göttliche Strafe hat ausführen wollen, sondern von einer Gruppe innerhalb des US-amerikanischen Staatsapparats, die es geschafft hat, Präsident Bush eine bestimmte Politik vorzuschreiben. Statt eines Staatsstreichs, der auf einen institutionellen Umsturz zielt – handelte es sich da nicht um die Machtergreifung durch eine besondere Gruppe, die sich innerhalb der Institutionen verborgen hält?

Kapitel 4

Das FBI zappelt

Mit jenem unglaublichen Organisationstalent, das den Vereinigten Staaten zum Ruhm gereicht, startete das FBI im Laufe des 11. September die umfangreichste Kriminalermittlung in der Geschichte der Menschheit: *Penttbomb* (Kurzform von Pentagon-Twin Towers-Bomb). Er forderte ein Viertel seines Gesamtpersonals an, mobilisierte siebentausend Beamte, darunter viertausend Geheimagenten. Zu den eigenen Mitteln kamen jene hinzu, die andere Abteilungen des Justizministeriums zur Verfügung stellten: die Kriminalabteilung, die Staatsanwaltschaften, die Einwanderungs- und Einbürgerungsstelle. Außerdem stützte sich das FBI auf den gesamten US-Nachrichtendienst, insbesondere auf das CIA (Central Intelligence Agency), die NSA (National Security Agency) und die DIA (Defense Intelligence Agency). Ferner profitierte das FBI von der internationalen polizeilichen Zusammenarbeit, entweder über Interpol oder unmittelbar durch bilaterale Zusammenarbeit mit der Polizei der einzelnen verbündeten Staaten.

Um Indizien zu sammeln, richtete das FBI bereits am Abend der Anschläge einen Aufruf an Zeugen. Im Laufe der drei ersten Tage erhielt es dreitausendachthundert Telefonanrufe, dreißigtausend elektronischen Nachrichten sowie zweitausendvierhundert Mitteilungen durch seine Geheimagenten.

Am Tage nach den Anschlägen war es dem FBI bereits gelungen, das *modus operandi* der Terroristen zu rekonstruieren[1]. Mitglieder der Bin Laden-Netze seien legal nach Amerika gekommen. Dort hätten sie intensive Kurse zum Erwerb des Flugscheins besucht. In vier Mannschaften zu je fünf Kamikazen organisiert, hätten sie Linienflugzeuge entführt mit dem Auftrag, sich auf bedeutene Ziele zu stürzen. Am 14. September veröffentlichte das FBI die Namensliste von neunzehn mutmaßlichen Luftpiraten[2].

In den nachfolgenden Wochen rekonstruierte die internationale Presse das Leben der Selbstmordterroristen. Sie stellte heraus, daß es nichts gegeben habe, aufgrund dessen Freunde und Nachbarn ihre Absichten vermutet hätten oder sie den westlichen Polizeien aufgefallen seien. Diese ‚Schläfer', die in den Massen untertauchten und es peinlich vermieden, ihre Überzeugungen zu verraten, seien erst am Tage ihres Einsatzes ‚geweckt' worden. Weitere im Schatten verborgene ‚Schläfer' würden vermutlich auf ihre große Stunde warten. Eine unaufspürbare Gefahr drohe der westlichen Zivilisation.

*

*   *

1 Sachvortrag von Justizminister John Ashcroft am 12. September 2001. Abrufbar unter: http://www.usdoj.gov/ag/speeches/2001/0913pressconferences.htm

2 Pressekonferenz von Justizminister John Ashcroft und FBI-Direktor Robert Mueller III am 14. September 2001. Abrufbar unter: http://www.usdoj.gov/ag/agcrisisremarks9_14.htm

In methodologischer Hinsicht haben wir offenbar eine schlampig geführte Untersuchung. In einem Kriminalverfahren und bei solch komplexen Vorgängen hätten die Polizisten eine Reihe von Hypothesen aufstellen und jede Spur bis zu ihrem Ende verfolgen müssen, ohne eine einzige zu vernachlässigen. Die Möglichkeit eines inländischen Terrorakts wurde grundsätzlich verworfen, ohne jemals geprüft zu werden. Statt dessen zeigten *„untersuchungsnahe Quellen"* schon wenige Stunden nach den Anschlägen mit dem Finger auf Osama bin Laden. Die Öffentlichkeit wollte Schuldige, man hat sie ihr auf der Stelle genannt.

In jedem der vier entführten Flugzeuge seien die Terroristen in Mannschaften zu je fünf Mann organisiert gewesen und im letzten Augenblick zusammengeführt worden. Es haben sich jedoch in der Boeing vom Flug 093, die über Pennsylvania explodierte, nur vier Terroristen befunden: Das fünfte Kommandomitglied, Zacarias Moussaoui, wurde kurz vorher wegen fehlender Aufenthaltsgenehmigung festgenommen. Zunächst hat das FBI behauptet, alle Luftpiraten seien zu dem Ziel ausgebildet worden, sich zu opfern. Später jedoch, nach der Entdeckung einer Videokassette von Osama bin Laden, meinte es, daß nur die Terrorpiloten Kamikazen gewesen seien, wohingegen die übrigen Mannschaftsmitglieder erst im letzten Moment in das selbstmörderische Wesen ihres Auftrags eingeweiht worden seien. Wie dem auch sei, die Vorstellung von Kamikazenteams überrascht. Die Psychologie des Selbstmords ist nämlich überaus individuell. Während des Zweiten Weltkrieges handelten die japanischen Kamikazen einzeln, selbst wenn ihre Aktionen auf breiter Front abgestimmt werden konnten. In letzter Zeit haben Mitglieder der japanischen Roten Armee (Rengo Segikun), die diese Technik in den Nahen Osten brachten, und zwar im Mai 1972 bei dem Anschlag von Lodd (Israel), zu dritt gehandelt, erst aber, nachdem sie ein Sondertraining absolviert hatten, um sich zusammenzuschweißen. Und selbst das noch nicht einmal: Einer der Terroristen von Lodd, Kozo Okamoto, wurde lebend gefangengenommen. Es sind keine Fälle bekannt, wo Kamikazenteams im letzten Augenblick gebildet wurden.

Wie Salman Rushdie bemerkte[1], kann man außerdem behaupten, daß die Luftpiraten, falls sie Kamikazen gewesen wären, keine moslemischen Fundamentalisten sein konnten. Der Koran verbietet nämlich den Selbstmord. Fundamentalisten (Taliban, Wahhabiten und andere) hätten sich dem Tod ausgesetzt, als Märtyrer, also ohne Aussicht, ihm zu entrinnen, aber sie hätten sich nie das Leben genommen.

Die Kamikazen-Theorie wird jedoch durch handschriftliche Dokumente in arabischer Sprache bestätigt, die das FBI[2] in englischer Übersetzung veröffentlichte und die in der internationalen Presse abgedruckt wurden. Sie seien in dreifacher Anfertigung gefunden worden: die eine in einem Koffer von Mohammed Atta, den dieser bei einem Umsteigen verlegte; die zweite in einem Fahrzeug, das Nawaf Alhazmi am Flughafen Dulles stehen ließ, und die dritte in den Trümmern der Maschine vom Flug 093, die über Stony Creek Township (Pennsylvania) explodierte[3].

1 *Fighting the Forces of Invisibility* von Salman Rushdie, in *The Washington Post* vom 2. Oktober 2001. Abrufbar unter: http://www.washingtonpost.com

2 Sachvortrag von Justizminister John Ashcroft und FBI-Direktor Robert Mueller III am 28. September 2001. Abrufbar unter: http://www.usdoj.gov/ag/agcrisisremarks9_28.htm

3 Mehrere europäische Zeitungen haben irrtümlich berichtet, daß das FBI diese Dokument in den Trümmern des Pentagons entdeckt habe.

Es handelt sich um vier Seiten frommer Ratschläge:

„1. Schwöre zu sterben und wiederhole Deine Absicht. Rasiere Deinen Körper und reibe ihn mit Kölnisch Wasser. Dusche.
2. Vergewissere Dich, daß Du den Plan in allen Einzelheiten kennst, und rechne mit einem Gegenschlag, mit einer Reaktion des Feindes.
3. *Lies* al-Tawba *und* Anfal [kriegerische Suren des Korans], *denke über ihren Sinn nach und denke an alles, was Gott den Märtyrern versprochen hat."*
Usw.

Diese Dokumente, verfaßt in einem klassischen theologischen Stil mit mittelalterlichen Bezügen, haben erheblich das Bild der Fanatiker geprägt, die die US-Behörden an den Pranger stellten. In Wirklichkeit handelt es sich um grobe Fälschungen, deren Unstimmigkeiten jeder Islamkenner sofort erkennt. Sie beginnen nämlich mit der Ermahnung: *„Im Namen Gottes, in meinem Namen und dem meiner Familie"* [sic], obwohl Moslems – im Gegensatz zu den zahlreichen puritanischen Sekten Amerikas – niemals in ihrem eigenen Namen oder dem ihrer Familie beten.[1] Ebenso enthält der Text eine typische Wendung der Yankeesprache, die nicht in den koranischen Wortschatz gehört: „Du mußt ihm gegenübertreten und ihn 100%ig verstehen". [sic]

Das FBI präsentiert Mohammed Atta als Führer der Operation. In zehn Jahren habe sich dieser dreiunddreißigjährige Ägypter in Salou (Spanien) aufgehalten, dann in Zü-

1 Merkwürdigerweise entdeckte der Starjournalist Bob Woodward diese Unstimmigkeit am selben Tag, zog daraus jedoch keinen Schluß. Siehe: *In Hijacker's Bags, a Call to Planning, Prayer and Death,* in *The Washington Post* vom 28. September 2001. Abrufbar unter: http://www.washingtonpost.com

rich (Schweiz) – wo er, so die Fahnder, Schweizer Messer für Flugzeugentführungen natürlich mit Kreditkarte bezahlt habe, schließlich in Hamburg. Mit zwei weiteren Terroristen studierte er an der TU Hamburg-Harburg Stadtplanung, ohne jemals von sich reden zu machen oder extremistische Überzeugungen geäußert zu haben. Nach seiner Ankunft in den USA sei er zu seinen Komplizen in Florida gestoßen, habe Flugstunden in Venice genommen und sich sogar ein paar Stunden Flugsimulator in Miami gegönnt. Darauf bedacht, seinen Fundamentalismus zu verbergen, habe Mohammed Atta sogar das größte Topless-Nachtlokal der Welt, den Olympic Garden in Las Vegas, besucht. Dieser außergewöhnliche Agent sei mit einem Inlandflug am 11. September in Boston eingetroffen. Wegen der kurzen Transitzeit zwischen den beiden Flügen habe er sein Gepäck beim Umsteigen verlegt. Bei Durchsuchen von Attas Gepäck habe das FBI Videocassetten mit Trainingsübungen für Boeing-Maschinen, ein islamisches Gebetsbuch sowie einen alten Brief entdeckt, in dem er seine Absicht bekundete, als Märtyrer zu sterben. Atta wurde als Anführer des Kommandos identifiziert, und zwar von einem Steward, der sich während der Flugzeugentführung über Handy meldete und Attas Platznummer angab: 8D.

Muß man solche Informationen ernstnehmen? Man müßte dann annehmen, daß Mohammed Atta zehn Jahre lang die größte Sorgfalt darauf verwendete, seine Absichten zu verbergen, und daß er mit seinen Komplizen nach strengen Verhaltensmaßregeln kommunizierte, um sich den Geheimdiensten zu entziehen. Trotzdem hätte er im letzten Moment eine Menge Indizien hinterlassen? Obwohl Anführer bei der Operation, wäre er das Risiko eingegangen, am 11. September den Weiterflug zu verpassen, und hätte es schließlich geschafft, den AA-Flug 011 zu nehmen, ohne allerdings sein Gepäck wiederzubkommen. Und im übrigen: Würde sich der Leser mit Gepäck belasten, um Selbstmord zu begehen?

Noch viel lächerlicher: Das FBI will den unversehrten Paß von Mohammed Atta in den rauchenden Trümmern des World Trade Center entdeckt haben! Das ist ein wahres Wunder; man fragt sich nur, wie dieses Dokument solche Prüfungen ‚überleben' konnte…

Offensichtlich liefert das FBI Beweise für seine eigene Rechtfertigung. Vielleicht sollte man hierin nur die panische Reaktion einer Polizeibehörde sehen, die sich als unfähig erwies, die Katastrophe zu verhindern, und die mit allen Mitteln versucht, ihr Image wieder aufzupolieren.

Nun kam allerdings eine Polemik auf wegen der Identität der Selbstmord-Terroristen. Die internationale Presse kommentierte ausführlich das Profil der neunzehn vom FBI genannten Terroristen. Es sind alle Männer zwischen fünfundzwanzig und fünfunddreißig Jahren. Sie sind Araber und Moslems, die meisten Saudis. Sie sind gebildet. Sie handeln aus Ideal, und nicht aus Verzweiflung.

Einziger Haken bei der Sache: Dieses Standardbild stützt sich auf eine Liste, die umstritten ist. Die Botschaft von Saudi-Arabien in Washington bestätigte, daß Abdulaziz Alomari, Mohand Alshehri, Salem Alhazmi und Saeed Alghamdi vor Gesundheit strotzen und in ihrem Land leben. Waleed M. Alshehri, der zur Zeit in Casablanca lebt und als Pilot bei Royal Air Maroc arbeitet, gab der in London erscheinenden arabischsprachigen Tageszeitung Al-Qods al-Arabi ein Interview. Prinz Saud al-Faisal, saudischer Außenminister, erklärte gegenüber der Presse: *„Es ist bewiesen, daß fünf der in der Liste genannten Personen mit den Geschehnissen überhaupt nichts zu tun haben."* Währenddessen erklärte Prinz Nayef, Saudi-Arabiens Innenminister, gegenüber einer offiziellen US-Delegation: *„Bis jetzt gibt es überhaupt keinen Beweis, daß* [die fünfzehn vom FBI beschuldigten Saudis] mit dem 11. September etwas zu tun haben. Diesbezüglich haben wir von den USA nichts erhalten."[1]

Wie wurden diese Terroristen identifiziert? Sieht man sich die Listen der Opfer an, die von den Fluggesellschaften am 13. September veröffentlicht wurden, stellt man nicht ohne Verwunderung fest, daß die Namen der Luftpiraten nicht aufgeführt sind. Es sieht so aus, als wenn die Kriminellen aus den Listen genommen worden wären, um nur die „unschuldigen Opfer" und das Flugpersonal zu behalten. Bei den Passagieren zählt man achtundsiebzig unschuldige Opfer in der American Airlines-Maschine Flug 011 (die in den Nordturm des WTC einschlug), sechsundvierzig in der United Airlines-Maschine Flug 175 (die sich in den Südturm bohrte), einundfünfzig in der AA-Boeing Flug 077 (die angeblich auf das Pentagon stürzte) und sechsunddreißig in der Maschine der United Airlines Flug 093 (die über Pennsylvania explodierte). Diese Listen sind unvollständig, da mehrere Passagiere nicht identifiziert wurden.

Aus den Kommuniqués[2] der Fluggesellschaften vom 11. September geht hervor, daß Flug 011 einundachtzig Passagiere beförderte, Flug 175 sechsundfünfzig, Flug 077 achtundfünfzig und Flug 093 achtunddreißig.

Es war also faktisch unmöglich, daß die Maschine vom Flug 011 mehr als drei Terroristen und die vom Flug 093

---

1 *Saudi Minister Asserts That Bin Laden Is a „Tool" of Al Qaeda, Not a Mastermind* von Douglas Jehl, in *Washington Post* vom 10. Dezember 2001. Abrufbar unter: http://www.washingtonpost.com

2 Diese Kommuniqués veröffentlichte die Agentur *Associated Press.*

mehr als zwei befördert haben. Daß die Namen der Luftpiraten auf den Passagierlisten nicht aufgeführt sind, bedeutet also nicht, daß man sie aus den Listen genommen hat, um der ‚Political Correctness' zu genügen, sondern einfach, daß sie sich nicht unter den Passagieren befanden. Aus mit der Identifizierung Attas durch einen Steward aufgrund dessen Sitznummer, 8D.

*
*   *

Zusammengefaßt: Das FBI erfand eine Liste von Luftpiraten, aufgrund deren ein Standardbild der Feinde des Westens gezeichnet wurde. Wir sollen glauben, daß diese Luftpiraten arabische Islamisten waren und daß es sich um Kamikazen handelte. Aus mit der US-Inlandspur. In Wirklichkeit wissen wir nichts, weder über die Identität der ‚Terroristen' noch über ihre Operationsweise. Alle Hypothesen bleiben offen. Wie in allen Kriminalfällen lautet die erste Frage, die man sich stellen muß: *„Wem nutzt das Verbrechen?"*

Am Tag nach den Anschlägen wurde festgestellt, daß Börsenbewegungen, die für ‚Insiderdelikte' kennzeichnend sind, in den sechs Tagen vor dem Angriff erfolgten.[1] Die Aktie der Fluggesellschaft United Airlines (deren eine Maschine gegen den Südturm des World Trade Center prallte, deren andere in Pittsburgh explodierte) erlebte einen künstlichen Sturz um 42 Prozent. Die Aktie der Fluggesellschaft American Airlines (Besitzerin der Ma-

1 *Black Tuesday: The World's largest Insider Trading Scam?* von Don Radlauer, International Policy Institute for Counterterrorism, Israel, 9. September 2001. Abrufbar unter: http://www.ict.org.il/articles/articledet.cfm?articleid=386

schine, die gegen den Nordturm einschlug, und derjenigen, die angeblich auf das Pentagon stürzte) fiel ihrerseits um 39 Prozent. Keine andere Fluggesellschaft der Welt war Gegenstand vergleichbarer Aktienabstürze, mit Ausnahme von KLM Royal Dutch Airlines, was darauf schließen läßt, daß ein Flugzeug der holländischen Fluggesellschaft für eine fünfte Entführung ausgesucht wurde.

Ähnliche Machenschaften wurden bei Verkaufsoptionen auf die Wertpapiere von Morgan Stanley Dean Witter & Co. festgestellt, die in der Woche vor den Anschlägen um das Zwölffache stiegen. Nun aber belegte diese Gesellschaft zweiundzwanzig Stockwerke im World Trade Center... Gleiches gilt für die Verkaufsoptionen auf die Aktien des führenden Börsenmaklers der Welt, Merrill Lynch & Co., dessen Firmensitz sich in einem nahen, einsturzgefährdeten Hochhaus befand; sie stiegen um das Fünfundzwanzigfache. Und vor allem für die Verkaufsoptionen auf die Aktien der betroffenen Versicherungsgesellschaften: Munich Re, Swiss Re und Axa.

Die Kontrollkommission der Börsengeschäfte in Chicago schlug als erste Alarm. Sie stellte fest, daß an der Chicagoer Börse die Insider 5 Millionen Dollar Mehreinnahmen auf United Airlines erzielt, 4 Millionen Dollar auf American Airlines, 1,2 Millionen Dollar auf Morgan Stanley Dean Witter & Co. und 5,5 Millionen Dollar auf Merrill Lynch & Co.

Angesichts der Ermittlungen verzichteten die Insider vorsichtigerweise darauf, 2,5 Millionen Dollars Gewinne auf American Airlines einzunehmen, die sie nicht rechtzeitig vor dem Alarm kassieren konnten.

Die Kontrollbehörde jedes größeren Finanzplatzes erfaßt die durch die Insider erzielten Gewinne. Die Ermittlungen werden von der Internationalen Organisation der Börsenaufsichtsämter (IOSCO)[1] koordiniert. Am 15. Oktober 2001 hielt sie eine Videokonferenz, auf der die nationalen Behörden ihre Zwischenberichte vorgelegt haben. Es zeigt sich, daß die unerlaubten Gewinne sich auf mehrere hundert Millionen Dollar beliefen und damit *„das größte Insiderdelikt"* bildeten, „das jemals *begangen wurde"*.

Osama bin Laden, dessen Bankkonten seit 1998 gesperrt sind, verfügt nicht über das nötige Geld für eine solche Spekulation. Die Taliban-Regierung in Afghanistan hatte ebensowenig die finanziellen Mittel dazu.

In der Tat: Mit der Executive Order 13099, die symbolisch am 7. August 1998 (dem Tag des US-Gegenschlags auf die Anschläge von Nairobi und Dar-es-Salaam) unterzeichnet wurde, ordnete der seinerzeitige US-Präsident Bill Clinton das Einfrieren aller finanziellen Guthaben Osama bin Ladens, seiner Verbündeten, ihrer Vereinigungen und Gesellschaften an. Diese Entscheidung wurde auf der Grundlage der Entschließung 1193 des UN-Sicherheitsrats (13. August 1998) internationalisiert. Mit der Executive Order 13129 vom 4. Juli 1999 dehnte Bill Clinton die Maßnahme auf die Bankkonten der Taliban, ihrer Verbündeten und Satellitenstaaten aus. Schließlich wurde das weltweite Einfrieren der Guthaben von Personen, die mit der Finanzierung des *„internationalen Terrorismus"* zusammenhängen, durch die Entschlißung 1269 des UN-Sicherheitsrats (19. Oktober 1999) ausgesprochen. Ab diesem Datum ist es vollkommen lächerlich, weiterhin vom *„Milliardär Osama bin Laden"* zu sprechen, da er keinen Zugang mehr zu seinem Privatvermögen hat. Die Mittel, über die er verfügt, können nur noch

1 Offizielle Seite der IOSCO: http://www.iosco.org/iosco.html

von einer – staatlichen oder nicht – geheimen Unterstützung stammen, die nicht mehr die Afghanistans sein kann.

Es war möglich zu ermitteln, daß der größte Teil der Umsätze von der Deutschen Bank und ihrer amerikanischen Tochtergesellschaft, der Investmentgesellschaft Alex. Brown[1], „getragen' wurde. Letztere Gesellschaft wurde bis 1998 von A. B. Krongard, einer äußerst merkwürdigen Persönlichkeit, geleitet. Dieser Bankier, der früher Kapitän bei den Marines war und sich für Schießen und Kriegskunst begeistert, wurde Berater des CIA-Direktors und seit dem 26. März 2001 dritter Mann im US-Nachrichtendienst. Aufgrund der Bedeutung der Ermittlung und des Einflusses von A. B. Krongard hätte man annehmen können, daß Alex. Brown ohne weiteres mit den Behörden kooperiert hätte, um die Identifizierung der Insider zu erleichtern. Dem war allerdings überhaupt nicht so.

Seltsamerweise verzichtete das FBI darauf, diese Spur zu verfolgen, und die IOSCO schloß ihre Untersuchung ab, ohne die Angelegenheit zu klären. Es ist jedoch leicht, Kapitalbewegungen aufzuzeichnen, denn alle Geschäfte zwischen Banken werden von zwei Verrechnungsinstituten archiviert[2]. Man könnte annehmen, daß angesichts dessen, was auf dem Spiel stand, es möglich gewesen wäre,

1 *Suspicious Profits Sit Uncollected Airlines Investors Seem to Be Lying Low* von Christian Berthelsen und Scott Winokur, in *San Francisco Chronicle* vom 29. September 2001. Abrufbar unter: http://www.sfagate.com

2 *Révélation$*, von Denis Robert und Ernest Backes, Les Arènes éd., 2001.Abrufbar unter: http://www.arenes.fr/livres/page-livre1.php?numero_livre=4&num_page=1.

das Bankgeheimnis zu brechen und die glücklichen Nutznießer von den Anschlägen des 11. September zu bestimmen. Dem war aber ebenfalls überhaupt nicht so.[1]

*

* *

Das FBI, das über noch nie dagewesene Mittel zur Untersuchung eines Vorfalls verfügte, war es sich eigentlich schuldig, jeden der aufgedeckten Widersprüche aufzuklären. Es hätte vordergründig die an den Secret Service gerichtete Mitteilung der Angreifer prüfen müssen, um diese zu identifizieren. Es hätte ermitteln müssen, was sich im Pentagon tatsächlich ereignet hat. Es hätte Jagd auf die Börseninsider machen müssen. Es hätte die Mitteilungen, die zwei Stunden vor dem Anschlag bei Odigo eingingen, um die Insassen des World Trade Center zu warnen, bis zur Quelle zurückverfolgen müssen. Usw.

---

1 Das FBI hat sich ebensowenig für den Besitzer mehrerer Netzseiten mit Domain-Namen, die eindeutige Warnungen enthielten, interessiert: Der Registrierungsgesellschaft VeriSign zufolge habe 2000 ein nicht identifizierter Operator für ein Jahr siebzehn Namen von Internet-Domains gekauft, die am 14. September 2001 abliefen und nie benutzt wurden. Es handelte sich um die Namen:
attackamerica.com, attackonamerica.com
attackontwintowers, august11horror.com, august11terror.com
horrorinamerica.com, horrorinnewyork.com,
nycterroriststrike.com, pearlharborinmanhattan.com,
terrorattack2001.com, towerofhorror.com, tradetowerstrike.com,
worldtradecenter929.com, worldtradecenterbombs.com,
worldtradetowerattack.com, worldtradetowerstrike.com,
wterroristattack2001.com
Siehe: *Internet Domain Names May Have Warned of Attacks*, und *Investigators Can Access Internet Domain Data* von Jeff Johnson, in *CNS-News.Com* vom 19. und 20. September 2001.

Wie oben nachgewiesen, führte das FBI keineswegs eine Kriminaluntersuchung, sondern war bemüht, Indizien verschwinden zu lassen und Zeugenaussagen zu unterdrücken. Es verfocht die These des ausländischen Angriffs und versuchte, sie zu untermauern, indem es eine improvisierte Liste von Luftpiraten bekanntgab und falsche Beweisstücke herstellte (Paß von Mohammed Atta, Anweisungen an die Kamikazen usw.).

Diese Manipulierung inszenierte FBI-Direktor Robert Mueller III. Dieser unentbehrliche Mann, der von George W. Bush ernannt worden war, hatte sein Amt übrigens genau eine Woche vor dem 11. September übernommen.

Wurde diese Pseudo-Ermittlung geführt, um ein gerechtes Verfahren einzuleiten oder um die *amerikanisch-amerikanische* Mitschuld zu verschleiern und die künftigen Militäroperationen zu rechtfertigen?

Zweiter Teil

Tod der Demokratie in Amerika

Kapitel 1

Gegenschlag oder Geschenk des Himmels?

Am Abend des 11. September wendet sich Präsident George W. Bush an die Nation in einer theatralischen Fernsehansprache mit mystischen Untertönen[1]: „*(...) Amerika wurde als Zielscheibe genommen, weil es der strahlendste Leuchtturm der Freiheit und des Fortschritts in der Welt ist. Und niemand wird dieses Licht daran hindern, zu leuchten. Heute hat unser Land das Böse zu Gesicht bekommen, das Schlimmste im menschlichen Wesen. Und wir haben reagiert mit dem Besten, was wir in Amerika haben, den Wagemut unserer Unfallhelfer, Hilfeleistungen, die Nachbarn, die Blut gespendet und wie auch immer geholfen haben. (...) Es laufen Fahndungen, um diejenigen zu finden, die hinter diesen abscheulichen Handlungen stecken. Ich habe veranlaßt, daß unser gesamtes Nachrichtendienst- und Polizeipersonal sich daran macht, die Schuldigen wiederzufinden und sie vor Gericht zu stellen. Wir werden keinerlei Unterschied machen zwischen den Terroristen, die diese Akte verübt haben, und denjenigen, die sie unterstützen. (...) Heute abend bitte ich Sie, für alle zu beten, die trauern, für die*

1 Stellungnahme des US-Präsidenten in seiner Rede an die Nation vom 11. September 2001. Abrufbar unter: http://www.whitehouse.gov/news/releases/ 2001/09/20010911-16.html

Kinder, deren Welt zerstört wurde, für alle, deren Sicherheit bedroht wurde. Und ich bete, damit sie von einer Macht bestärkt werden, die uns überlegen ist und deren Worte durch alle Zeiten im Psalm 23 wiedergegeben wurden: ›Und ob ich schon wanderte im finstern Tal, fürchte ich kein Unglück; denn du bist bei mir.‹ *Heute ist ein Tag, an dem alle Amerikaner, von wo auch immer, sich in unserer Entschlossenheit zusammenschließen, Gerechtigkeit und Frieden zu suchen. Amerika hat in der Vergangenheit den Feinden die Stirn geboten, und wir werden es in der Zukunft auch tun. Keiner von uns wird jemals diesen Tag vergessen. Trotzdem werden wir weiterhin die Freiheit und das Gute und Gerechte in dieser Welt verteidigen. Danke. Gute Nacht, und Gott möge Amerika segnen."*

Trotz dieser Botschaft der Einheit und Zusammengehörigkeit und zu einem Zeitpunkt, da Osama bin Ladens Verantwortung offiziell nur als Hypothese angesehen wird, werden innerhalb der Bush-Administration zwei entgegengesetzte politische Optionen befürwortet. Die Gemäßigten, die hinter Außenminister General Colin Powell und Generalstabschef Hugh Shelton stehen, empfehlen eine entsprechende Reaktion, nach dem Modell jenes Gegenschlags, den Bill Clinton 1998 anordnete. Damals schossen im Golf von Oman kreuzende U-Boote Tomahawk-Marschflugkörper gegen die Trainingslager der Al-Qaida (Afghanistan) und das Labor von Al-Shifa (Sudan) ab – als Reaktion auf die Anschläge gegen die US-Botschaften von Dar-es-Salaam und Nairobi. Dagegen bemerken die ‚Falken', daß diese Schläge wirkungslos blieben, da Al-Qaida ihre Angriffe wieder aufgenommen hat. Ihrer Meinung nach könne nur eine Militärintervention auf afghanischem Boden Osama bin Ladens Stützpunkte endgültig zerstören. Doch der Feldzug dürfe nicht dort zum Abschluß kommen, er müsse vielmehr fortgesetzt werden und alle übrigen potentiellen Bedrohungen gleichermaßen vernichten, also sämtliche Organisationen und Staaten, die irgendwann eine ähnliche Bedrohung wie Al-Qaida darstellen könnten.

Henry Kissinger[1], ehemaliger Außenminister und Supervisor aller geheimen Aktionen der US-Nachrichtendienste zwischen 1969 und 1976, ist die Schutzfigur, der Vordenker der sog. ‚Falken'. Kaum hat Präsident Bush seine Fernsehansprache beendet[2], veröffentlicht Kissinger seinen Standpunkt auf der Internetseite der *Washington Post.* Er wird sehr deutlich:

„Die Regierung müßte mit dem Auftrag betraut werden, eine systematische Antwort zu geben, die hoffentlich zum gleichen Ergebnis wie einst nach dem Angriff auf Pearl Harbor führen wird – nämlich zur Zerstörung des für diesen Angriff verantwortlichen Systems. Dieses System ist ein Netzwerk terroristischer Organisationen, die in den Hauptstädten bestimmter Länder Unterschlupf finden. In zahlreichen Fällen bestrafen wir nicht diese Länder dafür, daß sie diese Organisationen beherbergen; in anderen Fällen unterhalten wir sogar nahezu normale Beziehungen zu diesen Ländern. (...) Wir wissen noch nicht, ob Osama bin Laden der Urheber dieser Terrorakte ist, obwohl sie die Merkmale eines typischen bin Laden-Angriffs tragen. Nichtsdestotrotz wird jede Regierung, die zu solchen Angriffen fähige Gruppen beherbergt – selbst wenn diese Gruppen an den heutigen Angriffen nicht beteiligt waren –, einen horrenden Preis dafür zahlen müssen. Wir müssen mit Ruhe, Überlegung und Unerbittlichkeit antworten."

1 Christopher Hitchens, *Die Kissinger-Akte* (frz.: *Die Verbrechen von Herrn Kissinger)*, Saint-Simon 2001.
2 Die Fernsehansprache von Präsident Bush begann um 20 Uhr 30, der Standpunkt von Kissinger wurde um 21 Uhr 04 ins Netz geschickt. *Destroy the Network* von Henry Kissinger, in *The Washington Post,* 11. Sept. 2001. Abrufbar unter: http://www.washingtonpost.com

*

* *

Während die US-amerikanische Öffentlichkeit weiterhin unter Schock steht und ihre Toten beweint, werden die Tage vom 12. und 13. September sowohl in der US-Administration als auch in den Staatskanzleien der ganzen Welt von drei Fragen beherrscht: Wird George W. Bush Al-Qaida für die Anschläge verantwortlich machen? Welche Art Operation wird er in Afghanistan anordnen? Und wird er sein Land in einen langwierigen Krieg gegen alle seine realen und vermuteten Feinde hineinsteuern?

Personen des öffentlichen Lebens bedienen sich immer wieder der Medien, um Osama bin Laden und seine Organisation Al-Qaida als den Auftraggeber der Anschläge und die ausführende Kraft zu nennen. CIA-Direktor George Tenet legt Präsident Bush mehrere Berichte über abgehörte Telefonate der Al-Qaida vom 11. September[1] vor.

Die Anschläge seien seit zwei Jahren geplant gewesen; sie seien nur der Anfang einer langen Reihe; das Kongreßhaus (Kapitol) und das Weiße Haus hätten zu den Zielen gehört. Die Verantwortlichen von Al-Qaida hätten irrtümlicherweise geglaubt, mehrere Ziele getroffen zu haben. So hätten sie sich *„bei Gott für die Explosionen im Hochhaus des Kapitols bedankt"*; sie hätten die *„Zerstörung des Weißen Hauses"* gelobt und *„den Plan vom Doktor"* (das

1 *Wednesday, September 12* von Bob Woodward und Dan Balz, in *Washington Post* vom 28. Januar 2002. Abrufbar unter: http://www.washingtonpost.com

heißt von Doktor Ayman Zawahri, Osama bin Ladens rechter Hand) gerühmt. Die Operation sei von Abu Zubayda ausgelöst worden, der bereits verdächtigt wurde, den Anschlag auf den Zerstörer USS Cole im Oktober 2000 organisiert zu haben. Zubyada habe das Startsignal gegeben.

Präsident Bush wendet sich daraufhin an die Presse[1]:

„Ich hatte soeben eine Sitzung mit meinen Nationalsicherheitsberatern, bei der unsere Nachrichtendienste die letzten Klarstellungen vorgelegt haben.

Die absichtlichen und mörderischen Angriffe, die gestern auf unser Land verübt wurden, waren nicht nur Terrorakte. Es waren auch kriegerische Handlungen. Folglich wird unser Land in unbeugsamer Entschlossenheit zusammenhalten müssen. Freiheit und Demokratie wurden angegriffen.

Das amerikanische Volk muß wissen, daß der Feind, der uns gegenübersteht, mit keinem Feind der Vergangenheit vergleichbar ist. Dieser Feind duckt sich im Schatten und hat keinen Respekt vor Menschenleben. Dieser Feind macht sich unschuldige und vertrauensselige Menschen zur Beute und rennt dann weg, um sich zu verstecken. Er wird aber nicht ewig wegrennen können. Dieser Feind versucht sich zu verbergen, aber er wird sich nicht für immer verstecken können. Dieser Feind meint, daß seine Unterschlüpfe sicher sind, sie werden es aber nicht ewig bleiben.

Dieser Feind hat nicht nur unser Volk angegriffen, sondern alle freiheitsliebenden Völker der Erde. Die Vereinigten Staaten von Amerika werden alles in ihrer Macht Stehende anwenden, um diesen Feind zu besiegen. Wir werden die Welt vereinen. Wir werden geduldig sein. Wir werden auf unser Ziel konzen-

---

1 *Remarks by the President* in *Photo Opportunity with the National Security Team*, 12. September 2001. Abrufbar unter: http://www.whitehouse.gov/news/releases/2001/09/20010912-4.html

triert sein und eine unerbittliche Entschlossenheit an den Tag legen.

Dieser Kampf wird Zeit und Entschlußkraft erfordern. Aber täuschen Sie sich da ja nicht! Wir werden ihn gewinnen. (...) Wir werden diesem Feind nicht erlauben, den Krieg zu gewinnen und dabei unsere Lebensweise zu verändern sowie unsere Freiheiten einzuschränken. Heute morgen habe ich den Kongreß um einen Sonderfonds gebeten, der uns alle nötigen Mittel geben soll. Damit wollen wir den Opfern Hilfe leisten, den Bürgern von New York und Washington helfen, sich von dieser Tragödie zu erholen, und unsere nationale Sicherheit schützen.

Ich möchte den Kongreßmitgliedern für ihren Zusammenhalt und ihre Unterstützung danken. Amerika hält zusammen. Die freiheitsliebenden Nationen der Welt stehen uns zur Seite. Dieser Kampf des Guten gegen das Böse wird gewaltig sein, aber das Gute wird sich durchsetzen."

Mit Ausnahme des britischen Foreign Office, das sich wiederholt zu kriegerischen Erklärungen verleiten läßt, schauen die Staatskanzleien der ganzen Welt mit Besorgnis auf die Reaktionen von Präsident Bush. Sie haben bald erfahren, daß die Geheimdienste einiger Staaten (Deutschland, Ägypten, Frankreich, Israel) ihre amerikanischen Kollegen vergeblich davor gewarnt hatten, was sich anbahnte, doch die CIA hatte die Gefahr verharmlost. Deshalb machen sich die Staatskanzleien Gedanken über die Vertrauenswürdigkeit der – plötzlich so redseligen – Beziehungen des CIA und der – einfach zu raschen – Fortschritte das FBI-Ermittlungen. Sie befürchten, daß Präsident Bush, um seine öffentliche Meinung zu beruhigen, übereilt einen passenden Schuldigen benennt und sein Land in einen sofortigen und unverhältnismäßigen Militärgegenschlag hineinzieht.

Am selben Tag nimmt der UN-Sicherheitsrat seine Entschließung 1368[1] an. Sie erkennt ‚das Recht' der Vereinigten Staaten *„auf individuelle oder kollektive Notwehr gemäß der Charta"* von San Francisco an. Sie sagt audrücklich aus, daß *„der Sicherheitsrat alle Staaten zur Zusammenarbeit aufruft, um die Täter, Organisatoren und Auftraggeber dieser terroristischen Anschläge vor Gericht zu stellen, und betont, daß diejenigen, die sich dazu bereitgefunden haben, die Täter, Organisatoren und Auftraggeber dieser Akte zu unterstützen und zu beherbergen, Rechenschaft werden ablegen müssen."* Mit anderen Worten, der Sicherheitsrat gesteht den USA das Recht zu, die Souveränität der die Attentäter beschützen den Staaten, wenn nötig, zu verletzen, um diese Terroristen zu verhaften und sie vor einen internationalen Gerichtshof zu stellen. Er berechtigt jedoch nicht die USA, sich selbst Recht zu verschaffen oder die betroffenen Staaten anzugreifen und deren Regierungen umzustürzen.

Am Abend trifft der NATO-Rat in geheimer Sitzung zusammen. Die Mitgliedstaaten beschließen, den Vereinigten Staaten Beistand zu leisten – nicht aber ihre eigenen Streitkräfte einzusetzen –, um dem Angriff, der den USA galt, zu begegnen. Die Ratssitzung war ungewöhnlich gespannt. Manche Mitglieder sind der Ansicht, daß die Anschläge innerhalb des amerikanischen Staatsapparats beauftragt worden sein können, und lehnen es ab, sich auf einen *„Krieg gegen den Terrorismus"* einzulassen, dessen Ziele und Grenzen schlecht definiert sind. Nach der Sitzung erklärt NATO-Generalsekretär Lord George Robertson: *„Sollte feststehen, daß dieser Angriff vom Ausland aus gegen die Vereinigten Staaten geführt wurde, dann wird er mit*

1 Entschließung 1368 des UN-Sicherheitsrats vom 12. September 2001. Abrufbar unter: http://www.un.org/french/docs/sc/2001/res 1368f.pdf

einer Aktion gleichgesetzt werden, die Artikel 5 des Washingtoner Vertrags untersteht."[1]

Über die Entwicklung der Dinge beunruhigt, telefoniert Frankreichs Staatspräsident Jacques Chirac mit George W. Bush. Er erinnert ihn daran, daß Frankreich sich, wenn zwar nicht als der fügsamste, doch stets als der treueste Verbündete der Vereinigten Staaten gezeigt hat, und erklärt ihm höflich, daß die Entscheidung des NATO-Rats kein Blankoscheck, keine blinde Beipflichtung der US-Politik ist.

Einige Tage später fliegt Jacques Chirac in die USA zu einem seit langem vorgesehenen Staatsbesuch. Einerseits bekundet er wiederholt seine herzliche Solidarität mit dem amerikanischen Volk. Andererseits veranstaltet er eine gemeinsame Pressekonferenz mit UN-Generalsekretär Kofi Annan, um den Eifer der USA zu bremsen. Er erklärt ohne Umschweife: *„Der amerikanische Gegenschlag muß den identifizierten Terroristen und gegebenenfalls den Staaten oder Gruppierungen gelten, die diese identifizierten Terroristen nachweislich unterstützt haben."*[2]

Die Befürchtung der Staatskanzleien bekräftigt ein Zwischenfall am 12. September bei einer gemeinsamen Pressekonferenz[3] des Justizministers, John Ashcroft, und des FBI-Direktors, Robert Mueller III. Der Polizeichef erklärt gegenüber den Journalisten die Notwendigkeit, die Unter-

1 Die NATO bekräftigt die gemäß dem Vertrag eingegangenen Verpflichtungen bei der Reaktion auf die Terrorangriffe gegen die Vereinigten Staaten, Pressedienst der NATO, 12. September 2001. Abrufbar unter: http://www.nato.int/docu/update/2001/0910/f0912a.ht

2 UN-Dokument SG/SM/7964. Abrufbar unter: http://www.un.org/News/frpress/docs/2001/SGSM7964.doc.ht

3 Pressekonferenz in der FBI-Zentrale, 12. September 2001, 9 Uhr 30.

suchung nicht zu überstürzen, um die zur Verurteilung der Verdächtigen nötigen Beweise zusammenzutragen – als der Justizminister ihn plötzlich unterbricht. John Ashcroft betont, daß die Zeit dränge und daß der Auftrag des FBIs es sei, die Komplizen der Terroristen möglichst schnell zu verhaften, bevor sie weitere Verbrechen begehen. Halb so schlimm, was die Beweise betrifft.

Am 13. September wird der Ton schärfer. Am Morgen wird das Weiße Haus infolge eines Anti-Terror-Alarms teilweise evakuiert – das wird zur Gewohnheit. Vizepräsident Cheney kommt an einen entfernten und sicheren Ort. Falscher Alarm und echtes Psychodrama. Am Nachmittag moderiert der stellvertretende Verteidigungsminister, Paul Wolfowitz, das Informationsgespräch im Pentagon[1]. Wolfowitz ist der ständige Pressesprecher des konservativsten Flügels der militärindustriellen Lobby. Er setzt sich seit Jahren dafür ein, daß im Irak *„die Drecksarbeit beendet wird"*, und sieht in den Ereignissen vom 11. September eine Rechtfertigung für den angestrebten Sturz Saddam Husseins. Er nennt während des Sachvortrages kein einziges Ziel, weder Afghanistan noch den Irak. Aber er unterstreicht, daß der amerikanische Gegenschlag *„ein Feldzug, und keine isolierte Aktion"* sein werde. Und er betont: *„Wir werden diese Leute* [die Terroristen] *verfolgen und die, die sie unterstützen, bis das aufhört. So muß man handeln."*

Außenminister Colin Powell, der die ‚Falken' aus dem Feld zu schlagen gedenkt, präsentiert Osama bin Laden als *„wichtigsten Verdächtigen"* und bereitet in Windeseile eine Militärintervention in Afghanistan vor, die er zu begrenzen wünscht. Er stellt Pakistan eine Art Ultimatum

---

1 *DoD News Briefing*, 13. September 2001. Abrufbar unter: http://www.defenselink.mil/news/Sept2001/t09132001_t0913dsd.html

und gebietet dem asiatischen Staat, den USA sämtliche militärischen Infrastrukturen zur Verfügung zu stellen und ab sofort jegliche politische und wirtschaftliche Beziehung mit dem Taliban-Regime einzustellen.[1]

*

* *

In Wirklichkeit – wie unten ersichtlich – ist die Debatte, die Washington bewegt, nicht neu. Beide Optionen (Militärschlag gegen den Afghanistan oder globaler Krieg gegen den Terrorismus) wurden noch vor den Anschlägen erörtert und vorbereitet. Ihre Daseinsberechtigungen stehen in keinem Zusammenhang mit den Ereignissen vom 11. September, selbst wenn diese ein Alibi liefern, zur Tat zu schreiten. Nunmehr besteht der Streit darin, zu wissen, ob die öffentliche Meinung nur gezielte Schläge annehmen kann oder ob sie genug schockiert ist, um einen langwierigen Krieg zu akzeptieren. Letzten Endes wird sich der psychologische Schock als so groß herausstellen, daß die Washingtoner Strategen nicht zu entscheiden brauchen und beide Optionen aktivieren können.

Mitte Juli 2001 findet in Berlin eine Konferenz mit allen betroffenen Parteien über die Zukunft Afghanistans statt. Angesichts des Scheiterns der Verhandlungen schlägt die amerikanische Delegation, die von Tom Simmons (dem ehemaligen Botschafter in Pakistan), Karl Inderfurth (dem ehemaligen stellvertretenden Außenminister) und Lee Coldren (einem ehemaligen Experten im Außenministerium) geleitet wird, drohende Töne an. Dem früheren

1 *US Ask Pakistan for Help to Track Down Bin Laden* von Robin Wright und John Daniszewski, in *Los Angeles Times* vom 14. September 2001. Abrufbar unter: http://www.latimes.com

pakistanischen Botschafter in Paris, Niaz Naik zufolge, der an den Unterhandlungen teilnahm, erklärten die Amerikaner, daß sie Mitte Oktober in Afghanistan einfallen und das Taliban-Regime umstürzen würden.[1]

Unter dem Deckmantel seiner jährlichen Seemanöver im Golf von Oman, Essential Harvest, führte das Vereinigte Königreich Anfang September die größte Flottenentfaltung seit dem Maledivenkrieg durch und massierte seine Streitkräfte vor der Küste Pakistans. Währenddessen verlegte die NATO anläßlich der Manöver Bright Star in Ägypten vierzigtausend Soldaten in diese Weltregion. Damit waren die anglo-amerikanischen Streitkräfte vor den Anschlägen bereits vor Ort aufmarschiert.

Auf den *„Krieg gegen den Terrorismus"* wiederum bereitete sich der US-Generalstab ausführlich vor, und zwar anläßlich von zwei ‚War Games' (Kriegssimulationen): Global Engagement IV und JEFX 99[2]. Bei einer letzten Simulation im Juni 2000 arbeitete er die taktischen Verfahren aus. Doch das ursprünglich für Juni 2001 geplante ‚War Game' war annulliert worden, was die betroffenen Offiziere als Zeichen für einen unmittelbar bevorstehenden Übergang zur Tat deuteten.

Den USA hat es schon immer widerstrebt, die Initiative eines Krieges zu ergreifen. In der Vergangenheit waren sie bemüht, ihre militärischen Einsätze als legitime Gegenschläge hinzustellen. In den Anschlägen vom 11. September haben sie eine Traumgelegenheit gefunden.

---

1 *US Planned Attack on Taleban,* BBC, 18. September 2001, und *Secret Memo Reveals US Plan to Overthrow Taleban Regime,* in *The Guardian* vom 21. September 2001.

2 *A New Mindset for Warfare* von William M. Arkin, in *Washington Post* vom 22. September 2001. Abrufbar unter: http://www.washingtonpost.com

Kapitel 2

Von der Grabrede zum Heiligen Krieg

Da man selten Krieg führt, ohne Gott auf seine Seite zu bringen, drängen mehr Prediger auf die Fernsehbühnen als militärische Strategen. Alle deuten die Anschläge als göttliches Zeichen, das Amerika zur Bekehrung auffordert. *„Gott der Allmächtige hat uns seinen Schutz entzogen"*, schreibt Reverend Pat Robertson, Leitfigur der sehr einflußreichen Christian Coalition, *„weil wir den materiellen Vergnügungen und dem Sex frönen."*

In seiner berühmten Sendung *700 Club* (auf Fox Channel) empfängt Pat Robertson seinen Freund, den Pastor Jerry Falwell. Beide Fernsehevangelisten analysieren die Ereignisse, die gerade Amerika in Trauer versetzt haben.[1]

„Gott zieht weiterhin den Vorhang hoch und ermöglicht den Feinden Amerikas, uns zuzufügen, was wir wahrscheinlich verdienen", erklärt Falwell. – „Jerry, das ist auch meine Meinung", antwortet ihm Robertson. – *„Ich glaube, daß*

1 *God Gave US „What We Deserve", Falwell Says* von John Harris, in *The Washington Post* vom 14. September 2001. Abrufbar unter: http://www.washingtonpost.com

wir erst das Vorzimmer des Terrors entdeckt haben. Wir haben noch nicht gesehen, was sie der Mehrheit der Bevölkerung antun können."

Falwell greift dann die ACLU [Vereinigung zum Schutz der individuellen Freiheiten], die Bundesgerichte und all diejenigen an, die *„den Herrn aus der öffentlichen Sphäre jagen... Die Abtreiber müssen einen Teil der Bürde auf sich nehmen, denn man verspottet nicht Gott"*, fährt er fort. *„Und wenn wir vierzig Millionen unschuldige Babys töten, wird Gott wütend. Ich bin von einem überzeugt: die Atheisten, die Abtreiber, die Feministinnen, die Schwulen und die Lesben, die sich aktiv um eine alternative Lebensweise bemühen, die ACLU, die People for the American Way, all diejenigen, die Amerika zu säkularisieren versucht haben – auf die zeige ich mit dem Finger: Ihr habt ermöglicht, daß dies geschieht."*

In diesem Kontext – wo die religiöse Rhetorik den politischen und militärischen Interessen dient – erläßt Präsident Bush, der sich dabei als spirituelles Oberhaupt Amerikas und der zivilisierten Welt aufspielt, folgendes schwülstiges Dekret[1]: *„Unser Herz ist erschüttert durch die plötzliche und unsinnige Wegnahme dieser unschuldigen Leben. Wir beten für unsere Genesung und damit wir die Kraft finden, in der Hoffnung und im Glauben einander zu helfen und uns gegenseitig Mut zu machen. In der Heiligen Schrift steht geschrieben:* ›Selig sind, die da Leid tragen; denn sie sollen getröstet werden.‹ *Ich bitte alle amerikanischen Familien und die Familie Amerika, einen nationalen Gebets- und Gedenktag einzuhalten, um das Andenken der Tausende Opfer dieser brutalen Angriffe in Ehren zu halten und um diejenigen zu trösten, die liebe Menschen verloren haben. Wir werden diese nationale*

1 Verlautbarung des US-Präsidenten vom 13. September 2001. Abrufbar unter: httpo://www.whitehouse.gov/news/releases/2001/09/20010913-7.html

Tragödie und diese persönlichen Verluste überwinden. Mit der Zeit werden wir unsere Wunden heilen und wieder hochkommen. Angesichts dieses ganzen Übels bleiben wir stark und geeint, ›eine Nation unter dem Blick Gottes‹.

Kraft der Autorität, die mir die Verfassung und das Recht der Vereinigten Staaten verleihen, rufe ich, George W. Bush, Präsident der Vereinigten Staaten, durch meine Unterschrift den 14. September 2001 zum nationalen Tag des Gebets- und des Gedenkens an die Opfer der terroristischen Angriffe vom 11. September 2001 aus. Ich bitte, daß das amerikanische Volk und die Kirchen diesen Gebets und Gedenktag feierlich begehen: mittags mit Gedenkgottesdiensten und Glockenläuten und abends mit einer Kerzenandacht. Ich ermutige die Arbeitgeber, ihre Angestellten während der Mittagszeit zu beurlauben, damit sie an den Gebetsdiensten teilnehmen können. Ich bitte die Völker der Welt, die unseren Schmerz teilen, sich diesen Gedenkfeiern anzuschließen.

Urkundlich dessen setze ich meine Unterschrift an diesem dreizehnten Septembertag des Jahres 2001 unseres Herrn und im 226. Jahr der Unabhängigkeit der Vereinigten Staaten von Amerika."[1]

Eine noch nie dagewesene kirchliche Feier findet in der National Cathedral statt. Präsident Bush und seine Frau, vier ehemalige US-Präsidenten (Bill Clinton, George Bush sen., Jimmy Carter und Gerald Ford), nahezu alle Senatoren und Abgeordnete beten gemeinsam. Ein Kardinal, ein Rabbiner, ein Imam leiten nacheinander die Zeremonie. Der berühmteste Fernsehevangelist der Welt, Pastor Billy Graham, der fünfzehn Jahre zuvor George W.

1 Für den US-Präsidenten sind demnach – wen könnte es noch verwundern – die beiden wichtigsten Jahreszahlen, um die sich die Geschichte der Menschheit dreht, die Geburt Jesu und die Geburt der Vereinigten Staaten – beide seien diesem sakrosankten Denken zufolge dazu berufen, die Welt zu erlösen.

Bush bekehrte, hält eine Homilie[1]: „*Was wir in diesem Land unter anderem unbedingt brauchen, ist eine spirituelle Erneuerung. Ja, wir brauchen eine spirituelle Erneuerung in Amerika. Und in Seinem Wort hat uns Gott Jahrhundert für Jahrhundert gesagt, daß wir unsere Sünden bereuen und uns ihm zuwenden müssen und daß er uns auf eine neue Weise segnen werde. (...) Jetzt haben wir die Wahl: entweder zu implodieren und uns als Volk und Nation emotional wie spirituell aufzulösen, oder durch diese Prüfungen stärker zu werden und auf festen Grundlagen wiederaufzubauen. Und ich glaube, daß wir dabei sind, auf solchen Fundamenten wiederaufzubauen. Diese Fundamente, das ist unser Glaube an Gott (...). Wir wissen auch, daß der Herr dem Präsidenten und seiner Umgebung Weisheit, Mut und Kraft verleihen wird. Und wir werden uns an diesen Tag erinnern als an einen Tag des Sieges.*"

Präsident Bush steigt auf die Kanzel und hält ebenfalls eine Lehrpredigt[2]. Sie wurde von seinem Berater, dem biblischen Fundamentalisten Michael Gerson, vorbereitet: „*(...) Unsere Verantwortung gegenüber der Geschichte ist eindeutig: Wir müssen auf diese Angriffe antworten und die Welt vom Bösen befreien. Man hat mit Hinterlist, Betrug und Mord gegen uns Krieg geführt. Unsere Nation ist friedliebend, aber wenn man sie wütend macht, wird sie grausam [sic!]. (...) Die Zeichen Gottes sind nicht immer die, die wir suchen. In der Tragödie erfahren wir, daß sein Ziel nicht immer unseres ist. Dennoch werden die Gebete und die Schmerzen, ob in unseren Familien oder in dieser großen Kathedrale, erhört und verstanden. Es gibt Gebete, die uns helfen, den Tag auszuhalten oder die Nacht zu ertragen. Es gibt auch die Gebete der Freunde und Fremden, die uns die Kraft geben, weiterzumachen. Und schließ-*

1 *Billy Graham's Message*, 14. September 2001. Abrufbar unter: http://www.billygraham.org/newsevents/ndprbgmessage.asp

2 *President's Remarks at National Day of Prayer and Remembrance.* Abrufbar unter: http://www.whitehouse.gow/news/releases/2001/09/20010914-2.html

lich gibt es die Gebete, die unseren Willen einem mächtigeren Willen unterwerfen. (...) Amerika ist eine Nation, die vom Glück und mit Wohltaten gesegnet ist; doch der Schmerz blieb uns nicht erspart. In jeder Generation hat die Welt Feinde der menschlichen Freiheit hervorgebracht. Diese haben unser Land angegriffen, weil es die Seele und den Schutz der Freiheit verkörpert. Die von unseren Vätern eingegangene Verpflichtung ist zum Appell der Gegenwart geworden. An diesem Tag des Gebets und des Gedenkens bitten wir Gott den Allmächtigen, über unser Land zu wachen und uns Geduld und Willen für alles Kommende einzuflößen. Wir beten, daß er die schmerzerfüllten Menschen ermutigt und tröstet. Wir danken ihm für jedes Menschenleben, dessen Verlust wir beklagen müssen, und für jede Verheißung eines neuen Lebens. Wir haben von ihm folgende Zusicherung erhalten: Weder der Tod, noch das Leben, noch die Engel, noch die Fürstentümer, noch die Mächte dieser Welt, noch die gegenwärtigen oder künftigen Dinge, noch die Höhen oder die Tiefen können uns von der Liebe Gottes trennen. Er möge die Seelen der Gestorbenen segnen und ein Trost für unsere sein, er möge unser Land ewig lenken. Gott segne Amerika!"

Die *Washinton Post* analysierte nachträglich George W. Bushs Wandlung wie folgt: *„Erstmals, seitdem der religiöse Konservatismus eine politische Bewegung ist, wurde der Präsident der Vereinigten Staaten zu seinem* de facto-*Anführer – ein Status, den nicht einmal Ronald Reagan, der von den religiösen Konservativen vergöttert wurde, erreichte. Die christlichen Zeitschriften, die Radio- und Fernsehsender zeigen Bush betend, während die Prediger auf der Kanzel seine Führungsrolle als Akt der Vorsehung bezeichnen. Eine Reihe von religiösen Führern, die ihm begegnet sind, zeugen von seinem Glauben, Webseiten ermutigen die Leute, für den Präsidenten zu fasten und zu beten."*[1]

---

1 *Religious Right Finds Its Center in Oval Office* von Dana Milbank, in *Washington Post* vom 24. Dezember 2001. Abrufbar unter: http://www.washingtonpost.com

Am 14. September, um 12 Uhr mittags, folgen die dreiundvierzig Staaten des Europarats[1] (Rußland eingeschlossen) sowie zahlreiche Länder auf allen Kontinenten der Aufforderung des US-Präsidenten und legen drei Gedenkminuten für die Opfer der Anschläge ein. Damit bekunden sie ihr stillschweigendes Einverständnis mit der Führungsrolle eines ‚erleuchteten' Fundamentalismus, der ihnen seine Absicht bekanntgibt, sie in einen *„gewaltigen Krieg gegen das Böse"* zu führen[2]. Könnte es etwa sein, daß der politisch-mystische Wahn der Fernsehevangelisten ansteckend wirkt?

Weder der psychologische Schock noch der Respekt, den man für die Verstorbenen empfinden mag, können diesen starken religiösen Eifer erklären. Wenn die Vereinigten Staaten ursprünglich eine Theokratie sind – gegründet von Puritanern, die vor der Intoleranz der britischen Krone flohen –, sollten sie deswegen noch längst kein Ort der Scheinheiligkeit sein, wo die Fernsehevangelisten die Militärstrategen ersetzen. Es gibt übrigens keinen vergleichbaren Fall in der Geschichte, wo ein US-Präsident eine Kriegserklärung in einer Kathedrale ausgesprochen hat.

Der Aufruf George W. Bushs an die *„Völker der Welt, die unseren Schmerz teilen, sich diesen Gedenkfeiern* [religiösen *Zeremonien]* anzuschließen", wurde sogar im laizistischen Frankreich befolgt. So unterzeichneten die beiden Chefs der Exekutive, Staatspräsident Jacques Chirac und Premier-

---

1 *800 millions d'Européens en deuil pour les victimes des attentats aux Etats-Unis*, Kommuniqué des Europarats vom 13. September 2001. Abrufbar unter: http://press.coe.int/cp/2001/628f(2001).htm

2 *Remarks by the President In Photo Opportunity with the National Security Team*, 12. September 2001. Abrufbar unter: http://www.whitehouse.gov/news/releases/20001/09/20010912-4.htm

minister Lionel Jospin, am 12. September 2001 ein Dekret folgenden Inhalts: *„Freitag, der 14. September 2001, wird zum Nationaltrauertag erklärt, zur Ehre der Opfer der Anschläge, die am 11. September 2001 in den Vereinigten Staaten verübt wurden."*[1] In Begleitung einer Schar von Abgeordneten und Ministern hatten sie am Vorabend an einem ökumenischen Gottesdienst in der amerikanischen Kirche in Paris teilgenommen. Zusammen hatten sie das berühmte Kirchenlied *God Bless America!*[2] (Gott segne Amerika!) angestimmt.

Diese per Dekret auferlegten Gebete riefen hier und da heftige Polemiken hervor. Gegner stellten fest, daß diese weltweite Gestikuliererei zu bestätigen scheint, daß mehrere tausend amerikanische Opfer mehr wert sind als alle Opfer der letzten Völkermorde, denen eine solche Ehre nicht zuteil wurde. Verstehen wir diese Kontroverse als Ablehnung der politischen Manipulierung des religiösen Gefühls. Drei Gedenkminuten, um dessen bewußt zu werden, daß Konflikte auf friedlichem Wege, ohne Rückgriff auf den Terrorismus, gelöst werden können, hätten die Zustimmung von allen gefunden, aber nicht ein Gebet nur für die Opfer des Terrorismus auf amerikanischem Boden. Diese Zeremonien drückten kein kollektives Streben nach Frieden aus, sondern zielten darauf hin, die künftige Rache zu rechtfertigen.

„Diese Gebetsstunde bildet eine historische Wende. Die Vereinigten Staaten sind in den Krieg eingetreten, als die nationale Hymne in der Kathedrale erklang", schrieb später die *Was-*

---

1 Décret NOR:HRUX0101919D, im *Journal officiel de la République française*, 13. September 2001, Seite 14582.

2 Das Kirchenlied *God Bless America* komponierte Irving Berlin während des Zweiten Weltkrieges. Es wurde zu einer Art offiziöser Nationalhymne.

hington Post[1]. Eine Feststellung, die sich erweitern läßt: Die Welt ist in den Krieg eingetreten, als sie sich der amerikanischen Trauer anschloß.

Fragen wir uns nun, wie diese einhellige Ehrerweisung organisiert wurde. Im Gegensatz zur Mobilisierung der Militärbündnisse sieht kein einziger internationaler Vertrag die Verpflichtung vor, sich zu sammeln, wenn die USA trauern. Es war jedoch leichter und ging schneller, eine Nationaltrauer zu beschließen, als die NATO-, ANZUS- und OEA-Verträge[2] wirksam werden zu lassen. Wenn man genau hinsieht, stellt man fest, daß Jacques Chirac und Lionel Jospin das französische Dekret am 12. September unterzeichneten, also bevor George W. Bush die amerikanische Nationaltrauer verordnete. Eine solche Operation im Weltmaßstab setzt die Aktivierung eines mächtigen Beeinflussungsnetzes voraus, das auf nahezu alle Regierungen der Erde Druck auszuüben vermag. Und vor allem verfolgt diese politische Operation ein politisches Ziel: Mit der Manipulierung des religiösen Gefühls sakralisierte die US-Regierung sowohl die Opfer der Anschläge als auch ihre Darstellung der Vorgänge. Nunmehr wird in der ganzen Welt jegliche Bezweiflung der offiziellen Wahrheit als Sakrileg erlebt.

Der Apparat, der diese internationale Trauer durchzusetzen half, wurde im Oktober 2001 heimlich in Form gebracht.[3] Ein Amt für Strategische Einflußnahme (Office

---

1 *War Speech in a Cathedral: A Stedfast Resolve to Prevail* von Dan Balz und Bob Woodward, in *The Washington Post* vom 30. Januar 2002. Abrufbar unter: http://www.washingtonpost.co

2 Die NATO ist die Organisation des Nordatlantikpakts, die ANZUS umfaßt Australien, Neuseeland und die USA, während die OAS die südamerikanischen Staaten zusammenschließt.

3 *Le Nouvel arsenal de Washington pour l'infosphère*, in *Intelligence Online* vom 14. Februar 2002: http://www.intellgenceOnline.fr

for the Strategic Influence)[1] wurde im Pentagon gegründet und unter den Befehl von General Simon Pete Worden, des ehemaligen Chefs des US Space Command, gestellt. Über die Militärische Gruppe für internationale Information (International Military Information Group) von Oberst Brad Ward ist diese Einrichtung mit den internationalen Informationsprogrammen (International Informations Programs)[2] des Außenministeriums verbunden, zu denen die Programme des Radiosenders *Voice of America* gehören. Sie arbeitet inzwischen auf Hochtouren, um die öffentlichen Meinungen und die Regierungen des Westens zu manipulieren.

1 Die Gründung des Amts für Strategische Beeinflussung ist das Ergebnis einer langen Überlegung, für die Interessen der amerikanischen Streitkräfte zu wirken. Siehe *Information Dominance* von Martin C. Libicki, in *Strategic Forum* Nr. 132 (National Defense University, November 1997). Abrufbar unter: http://www.ndu/inss/strforum/forum132.htm

2 Offizielle Webseite der *International Information Programs.* Abrufbar unter: http://www.state.gov/r/iip/

Kapitel 3

Die Vollmacht

Am Morgen des 14. September ermächtigt der US-Kongreß Präsident George W. Bush, *„jedes nötige und angemessene Machtmittel gegen jeden Staat (Organisation oder Person)"*, anzuwenden, *„der, so wie er es befunden hat, die Terrorangriffe vom 11. September 2001 vorbereitet, genehmigt, ausgeführt oder gefördert hat oder der solche Organisationen oder Personen beherbergt hat, damit jedem künftigen internationalen Terrorakt gegen die Vereinigten Staaten durch solche Staaten, Organisationen oder Personen vorgebeugt wird"*.[1]

Diese gemeinsamen Entschließungen der beiden Versammlungen wird bis auf eine Stimme, die der demokratischen Abgeordneten aus Kalifornien Barbara Lee[2], einstimmig und fast ohne Debatte angenommen. Ihre Formulierung läßt Präsident Bush freie Hand, terroristische Organisationen zu bekämpfen, doch sind ‚Notstandsvollmachten' nicht das gleiche wie ‚Kriegsvollmachten'. George W. Bush bleibt weiterhin gezwungen, den Kon-

1 Gemeinsame Entschließung 23 (mit dem Senat).

2 Ihre Abstimmung hat sie gegenüber ihren Wählern in dem Artikel begründet: *Why I Opposed the Resolution to Authorize Force*, veröffentlicht in *San Francisco Chronicle* vom 23. September 2001. Abrufbar unter: http://www.sfgate.com

greß zu informieren, bevor er Feindseligkeiten gegen einen anderen Staat eröffnet[1].

Um die ersten Aktionen zu leiten, ersucht Präsident Bush den Kongreß um einen Sonderkredit in Höhe von zwanzig Milliarden Dollar. In einer übertriebenen Anwandlung von Patriotismus verdoppeln beide Kammern den Einsatz und bewilligen nach einer fünfstündigen Debatte einen Kredit von... vierzig Milliarden Doll[2].

Außerdem erlaubt man Präsident Bush die Mobilisierung von maximal fünfzigtausend Reservisten.[3] Der Verteidigungsminister, Donald Rumsfeld, beruft sofort fünfunddreißigtausend ein (zehntausend für die Army, dreizehntausend für die Air Force, dreitausend für die Navy, siebentausendfünfhundert für die Marines und zweitausend für die Küstenwache). Die letzte Mobilmachung geht auf den Golfkrieg zurück. Sie hatte fünfmal mehr Soldaten betroffen, denn es galt damals, ein mächtiges Heer zu bilden.

George W. Bush hält am 20. September eine wichtige Rede[4] vor dem Kongreß, der zu einer Plenarsitzung ver-

---

1 Harold C. Relyea, *National Emergency Powers,* Congressional Research Service, The Library of Congress, 18. September 2001. Abrufbar unter: http://www.fpc.gov/CRS_REPS/powers.pdf

2 *Congress Clears Use of Force, $40 Billions in Emergency Aid* von John Lancaster und Helen Dewar, in *Washington Post* vom 15. September 2001. Abrufbar unter: http://www.washingtonpost.com Und: *Congress Passes 440 Billion in Homeland Defense Funds* von Steven Kingsley, in *Homeland Defense Journal* vom 7. Januar 2002. Abrufbar unter: http://www.homelanddefensejournal.com

3 Executive Order, 14. September 2001. Abrufbar unter: http://www.whitehouse.gov/news/releases/2001/09/20010914-5.htm

4 Address to a Joint Session of Congress and the American People, 20. September 2001. Abrufbar unter: http://www.whitehouse.gov/news/releases/2001/09/20010920-8.html

sammelt ist. Mehrere Persönlichkeiten begleiten ihn, unter ihnen der britische Premier, Tony Blair. Bei dieser Gelegenheit nennt er endlich offiziell Osama bin Laden und seine Organisation als verantwortlich für die Anschläge und stellt dem Taliban-Regime ein Ultimatum: *„Liefert alle Anführer des Al-Qaida-Netzes, die sich auf eurem Staatsgebiet verstecken, an die US-Behörden aus. Laßt alle US-Bürger frei, die ihr zu Unrecht inhaftiert habt, und schützt in eurem Land die ausländischen Journalisten, Diplomaten und Arbeiter. Schließt alle Terroristencamps in Afghanistan und liefert die Terroristen und alle Personen, die zu ihren unterstützenden Strukturen gehören, an die zuständigen Behörden aus.*

Über diese Forderungen wird nicht verhandelt oder diskutiert. Die Taliban müssen handeln, und zwar sofort. Sie müssen die Terroristen ausliefern, oder sie werden ihr Los teilen."

Vor allem kündigt er die Gründung eines Amts für die Sicherheit des Heimatlandes (Office of Homeland Security) an, das den Rang eines Ministeriums hat und ihm unmittelbar unterstellt ist. Diese neue Einrichtung wird *„eine nationale Gesamtstrategie leiten, überwachen und koordinieren, um unser Land zu verteidigen und auf jeden möglichen Angriff zu reagieren"*. Der Präsident kündigt unmittelbar danach an, daß er den Ex-Marine und Gouverneur von Pennsylvania, Tom Ridge, zum Leiter dieser Behörde ernennt.

Im Anschluß an diese Maßnahmen fällt die Bush-Administration verschiedene Entscheidungen, um das Militärgeheimnis zu verstärken.

Schon am Tag nach den Anschlägen, am 12. September, hatte Verteidigungsminister Rumsfeld bei seinem Sachvortrag im Pentagon erklärt: *„Es scheint mir wichtig, eine Sache zu betonen: Daß jemand nachrichtendienstliche Informationen an sich nimmt und sie Personen ohne entsprechende Er-*

mächtigung zur Verfügung stellt, schränkt die Aussichten für die US-Regierung ein, die Leute, die die Terrorangriffe gegen die Vereinigten Staaten verübt und so viele Amerikaner getötet haben, ausfindig zu machen und zu bestrafen. Zweitens: Gelangen vorbehaltene Informationen bezüglich der Operationen in die Hände von Leuten, die für diese Art Information keine Befugnis haben, führt das zwangsläufig zu einer Gefährdung der Männer und Frauen in Uniform, denn sie sind es, die diese künftigen Operationen ausführen werden."[1]

Am 25. September von Journalisten darüber befragt, ob er, um Geheimnisse zu hüten, lügen werde, antwortete Rumsfeld, daß er geschickt genug sei, um anders zu handeln, daß seine Mitarbeiter sich aber zu helfen wissen würden, wie sie gerade können[2]:

Verteidigungsminister: *„Natürlich erinnert das an den berühmten Spruch Winston Churchills, der einmal erklärte – aber nennt mich nicht, ja? Ich will nicht genannt werden, also nennt mich nicht! – Er sagte, daß die Wahrheit manchmal so kostbar sei, daß sie mit einer Leibwache von Lügen begleitet werden müsse – er meinte den Zeitpunkt und den Ort der Landung. Und tatsächlich haben sie sich gehütet, über das Datum der Landung in der Normandie zu reden, auch nicht über den Ort, ob in der Normandie-Bucht oder in Nordbelgien. Sie begannen, bei den Deutschen für Verwirrung zu sorgen, ob die Landung überhaupt stattfinden würde. Ihnen schwebte eine Armee unter dem Befehl von Patton und andere Dinge vor. Das gehört aber zur Vergangenheit, und ich erwähne es als eine Art Kontext. (…) Ich kann mich nicht entsinnen, die Presse angelogen zu haben, ich habe nicht die Absicht, es zu tun, und ich habe auch*

1 *DoD News Briefing, Secretary Rumsfeld*, 12. September 2001. Unter: http://www.defenselink.mil/news/Sep2001/t09122001_t0912sd.html
2 *DoD News Briefing, Secretary Rumsfeld*, 25. September 2001. Unter: http://www.defenselink.mil/news/Sep2001/t09252001_t0925sd.html

nicht den Eindruck, daß sich dies rechtfertigen lassen würde. Man kann auf unzählige Weisen vermeiden, in die Situation zu geraten, in der man lügen muß. Und ich tue das nicht."

Journalist: *„Und das gilt für alle Leute im Verteidigungsministerium?"*

Verteidigungsminister: *„Ich nehme an, Sie scherzen."* (Gelächter)

Am 2. Oktober schickt der stellvertretende Verteidigungsminister, Pete Aldridge jr., einen Brief an alle Heereslieferanten.[1] Er teilt ihnen mit, daß sich das Militärgeheimnis auf ihre Handelsaktivitäten erstrecke, da scheinbar belanglose Informationen etliches über die Aktivitäten und die Absichten des Verteidigungsministeriums verraten könnten. Diskretion sei also nunmehr für Zivilisten zwingend geboten.

Am 4. Oktober verschickt der Leiter für Anschaffungen bei der Air Force, Darlene Druyun, eine Nachricht[2] an sämtliche Lieferanten der Air Force, um den Brief Pete Aldridges zu erklären. Er untersagt allen seinen Lieferanten, sich mit Journalisten sowohl über Verträge, die noch ausgehandelt werden, als auch über bereits unterzeichnete und öffentlich bekannte zu unterhalten. Das Verbot gilt in den Vereinigten Staaten wie auch in allen Ländern, wo die Lieferanten an Ausstellungen oder Kolloquien über Ausrüstung teilnehmen könnten.

---

1 Dokument abrufbar unter:
http://www.fas.org/sgp/news/2001/10/aldridge.html
2 Dokument abrufbar unter:
http://www.fas.org/sgp/news/2001/10/druyun.html

Am 5. Oktober weist Präsident Bush unter Mißachtung der Verfassung mehrere Mitglieder seines Kabinetts an, keine Informationen mehr an die Parlamentarier zu übermitteln (siehe Anhang).

Am 18. Oktober läßt der stellvertretende Verteidigungsminister, Paul Wolfowirz, allen Abteilungsleitern seines Ministeriums eine Mitteilung zukommen, mit der Bitte, sie an das gesamte Personal weiterzuleiten. Er schreibt: *„Es ist lebenswichtig, daß die Mitarbeiter des Verteidigungsministeriums (DOD) ebenso wie die Personen, die anderen, mit dem DOD zusammenarbeitenden Einrichtungen unterstehen, bei Gesprächen, die Aktivitäten des DODs berühren, größte Vorsicht walten lassen, und das unabhängig von ihrer verantwortlichen Stellung. Führen Sie kein Gespräch über Ihre berufliche Tätigkeit in offenen Räumen, an öffentlichen Orten, auf dem Weg zur Arbeit oder über elektronische Kommunikationsmittel, die nicht sicher sind. Vertrauliche Informationen sollen ausschließlich an eigens dafür vorgesehenen Orten angesprochen werden, und nur mit Personen, die sowohl über einen besonderen Grund verfügen, zu der Information zu gelangen, als auch über eine Sicherheitsbefugnis hierfür. Eine nichtvertrauliche Information kann Gegenstand vergleichbarer Schutzmaßnahmen sein, sofern sie sich mit anderen Informationen deckt und somit zu sensiblen Schlußfolgerungen führen kann. Die im Rahmen der DOD-Aufträge verwendeten Informationen werden aufgrund ihrer sensiblen Charakters dem öffentlichen Bereich entzogen* [sic] *sein. Im Zweifelsfall unterlassen Sie es, offizielle Informationen zu verbreiten oder zu erörtern, außer innerhalb des DODs."*

Gleichzeitig treffen die Bundesbehörden Maßnahmen, um die Untersuchung der Anschläge geheimzuhalten. Am 11. September fordert das FBI die Fluggesellschaften auf, mit der Presse nicht zu kommunizieren. Ihre Aussagen würden nämlich dazu beitragen, einige Fragen zu klären, etwa die geringe Auslastung der Flugzeuge oder das Fehlen der Luftpiraten auf den Passagierlisten. Am selben Abend wartet das FBI auf die Brüder Jules und Gédéon Naudet, die sich bei den Anschlägen in Manhattan aufhielten, vor ihrem Wohnsitz. Er beschlagnahmt die fünfstündigen Videoaufnahmen, die beide Journalisten in den Zwillingstürmen und auf den Vorplätzen gedreht haben. Es wird ihnen lediglich eine sechsminütige Aufnahme zurückgegeben, die den Aufprall des ersten Flugzeugs zeigt. Dieses Dokument, das einen besseren Einblick in den Einsturz des World Trade Centers vermitteln könnte, wird versiegelt. Das FBI fordert ebenfalls die Gesellschaft Odigo auf, mit der Presse nicht zu kommunizieren. Es wäre natürlich interessant, den Wortlaut der erhaltenen Mitteilung und die Maßnahmen zu kennen, die zur Begrenzung der Zahl der sich in den Türmen aufhaltenden Menschen getroffen wurden. Gleichermaßen untersagt die Militärbehörde jeglichen Kontakt zwischen ihrem involvierten Personal und der Presse. Die Journalisten dürfen also weder die Piloten der Jagdflugzeuge noch das Personal der Stützpunkte Barksdale und Offutt befragen. Die Vereinigung der amerikanischen Anwälte, die erkannt hat, daß Schadenersatzverfahren die Gelegenheit böten, Staatsgeheimnisse publik zumachen, kündigt an, daß sie jeden Juristen aus der Anwaltsliste streichen werde, der im Namen der Familien der Opfer ein Verfahren einleiten würde. Dieses Verbot wird für eine Dauer von sechs Monaten ausgesprochen; über diesen Zeitraum hinaus sind verschiedene Expertisen nicht mehr möglich.

Präsident George W. Bush nimmt persönlich Kontakt mit den Fraktionsführern im Kongreß auf und ersucht sie, die nationale Sicherheit nicht zu gefährden, etwa durch die Schaffung einer Enquête-Kommission zur Aufarbeitung der Ereignisse vom 11. September. Um das Gesicht zu wahren, aber auch um das Blatt zu wenden, beschließen die Parlamentarier, eine für beide Versammlungen gemeinsame Untersuchungskommission zu schaffen bezüglich... der seit dem 11. September getroffenen Maßnahmen zur Vorbeugung gegen neue Terrorakte.[1]

Am 10. Oktober bestellt die Nationalsicherheitsberaterin, Condoleezza Rice, die Direktor der wichtigeren Fernsehstationen (ABC, CBS, CNN, Fox, News, MSNBC und NBC) ins Weiße Haus, um an ihr Verantwortungsbewußtsein zu appellieren. Die Meinungsfreiheit bleibe zwar bestehen, doch werden die Journalisten aufgefordert, von sich aus eine *„editoriale Meinung"* zu bilden, d.h., sie sollen sich enthalten, etwas zu verbreiten, was der Sicherheit des amerikanischen Volkes schaden könnte.[2]

Die Botschaft wird von der schreibenden Zunft empfangen und hundertprozentig verstanden. Ron Gutting (Chefredakteur der *City Sun*) und Dan Guthrie (Chefredakteur des *Daily Courier*), die den Bush-Kurs zu kritisieren gewagt hatten, werden sofort entlassen.

Edward Herman, Professor für Politologie an der Universität Pennsylvania, kommentiert: *„Die* Pravda *und die* Iswestija *der ehemaligen Sowjetunion hätten es schwer gehabt, die amerikanischen Medien in ihrer Unterwürfigkeit gegenüber der offiziellen Agenda zu überbieten. (...) Sie haben den Begriff der Objektivität aufgegeben oder sogar die Idee, einen öffentlichen Raum vorzuschlagen, in dem die Probleme erörtert werden. (...) Das ist ein Skandal, der die Aktivität eines Propagan-*

1 *Congressional Panels Join to Probe US Intelligence* von Walter Pincus, in *Washington Post* vom 12. Februar 2001. Abrufbar unter:http://www.washingtonpost.com

2 *La ‚guerre de l'ombre': les médias américains entre info et propagande*, Agenturmeldung der Agence France Presse (AFP) vom 11. Oktober 2001.

dasystems offenbart, und nicht die von seriösen Medien, die in einer demokratischen Gesellschaft sehr wichtig sind."[1]

Und schließlich, nach einer dreiwöchigen Debatte, nimmt der Kongreß den Uniting and Strengthening America by Providing Appropriate Tools Required to Intercept and Obstruct Terrorism Act[2] an (dessen Akronym ›USA PATRIOT Act‹ lautet. Dieses Notstandsgesetz hebt verschiedene Grundfreiheiten für einen Zeitraum von vier Jahren auf, um der Administration die Mittel zu geben, den Terrorismus wirksam zu bekämpfen. Niemand entgeht, daß der Zeitraum von vier Jahren die Gesamtdauer von George W. Bushs Mandat umfaßt – die Wahlperiode für seine Wiederwahl inbegriffen. Dieses Notstandsgesetz unterdrückt die *„Terroristen und die, die sie unterstützen"* gemäß einer sehr extensiven Definition. So wird die Geldsammlung zur Unterstützung der Familien der im Vereinigten Königreich inhaftierten IRA-Militanten zu einem Verbrechen. Die Dauer der vorläufigen Festnahme für Ausländer, die des Terrorismus verdächtigt werden, wird auf eine Woche erhöht. Falls ein Verfahren (unabhängig vom Motiv, das nicht unbedingt mit Verdacht auf Terrorismus zu tun haben muß) eingeleitet wird, können die Verdächtigten in Einzelhaft gesteckt werden, und zwar für eine Dauer von sechs Monaten, die unbegrenzt verlängerbar ist, wenn der Justizminister der Ansicht ist, daß ihre Freilassung *„die nationale Sicherheit oder die der Gesellschaft bzw. einer Person gefährden würde"*. Sofort werden tausendzweihundert Immigranten auf unbegrenzte Zeit und wegen geheimer Anklagepunkte in Haft genom-

1 Angeführt von Olivier Pascal-Moussellard, *Les Journalistes à l'épreuve du 11 septembre*, in *Telerama* vom 30. Januar 2002.

2 Gesetz für die Einheit und die Kraft Amerikas durch die Vergabe von angemessenen Mitteln, um den Terrorismus aufzuhalten und zu unterbinden.

men. Die ausländischen Konsularbeamten verurteilen die Angriffe auf die Grundrechte ihrer Staatsangehörigen, ähnlich wie der pakistanische Generalkonsul in New York, der erklärt: *„In den meisten Fällen kennen wir weder die Identität noch den Haftort unserer Staatsangehörigen. Man läßt sich höchstens dazu herab, uns ihre Zahl mitzuteilen. (…) Die Behörden üben außerdem Druck auf sie aus, damit sie nicht zu ihrem Recht gelangen mit ihrer konsularischen Vertretung oder einem Anwalt Verbindung aufzunehmen. Das ist einfach untragbar."*

Außerdem ermöglicht der US PATRIOT Act es dem FBI, Nachrichten ohne Kenntnis eines Verwaltungsbeamten abzufangen.[1] Diese Maßnahme gilt auch für die Nachrichten, die ausländische Staatsangehörige innerhalb verschiedener ausländischer Staaten miteinander tauschen, allerdings per Internet im Transitverkehr durch das amerikanische Staatsgebiet.

Am 31. Oktober hebt das Justizministerium das Recht der in Haft oder Einzelhaft befindlichen Personen auf, sich allein mit ihrem Anwalt zu unterhalten.[2] Nunmehr können diese Begegnungen belauscht und aufgenommen und ihre Gespräche gegen die Verdächtigen verwendet werden, was für Klient und Anwalt jede Möglichkeit vernichtet, eine gemeinsame Verteidigungsstrategie auszuarbeiten.

1 Diese umstrittene Anordnung hatte die Zustimmung der Demokratischen Partei. Siehe den Leserbrief von John Podesta (dem ehemaligen Generalsekretär des Weißen Hauses unter Bill Clinton): *Tools for Counterterrorism*, in *Washington Post* vom 18. September 2001. Abrufbar unter: http://www.washingtonpost.com

2 *Attorney General Ashcroft Outlines Foreign Terrorist Tracking Task Force*, Justizministerium, 31. Oktober 2001. Abrufbar unter: http://www.usdoj.gov/ag/speeches/2001agcrisisremarks10_31.htm

Am 13. November verordnet Präsident Bush, daß die Ausländer, die *„des Terrorismus"* verdächtigt werden – das heißt auch die *„Mitglieder und früheren Mitglieder der Al-Qaida"* sowie die Personen, die (selbst unwissentlich) mit dazu beigetragen haben, (selbst nicht durchgeführte) Anschläge zu verüben, weder durch Bundes- noch durch Militärgerichte verurteilt werden sollen, sondern durch Militärkommissionen.[1] Diese Kommissionen, die der Verteidigungsminister nach persönlichem Ermessen zusammenstellen soll, werden selber ihre Prozeßordnung festsetzen. Die Gerichtsverhandlungen sollen unter Ausschluß der Öffentlichkeit stattfinden können. Die *„militärischen Staatsanwälte"* werden nicht daran gehalten sein, den Angeklagten und ihren Verteidigern die *„Beweise"* mitzuteilen, die sie besitzen würden. Sie werden ihren Urteilspruch mit Zweidrittelmehrheit fällen (und nicht einstimmig, wie die internationale Norm es im Strafrecht will).

Am selben Tag veranstaltet das Justizministerium eine Razzia und schnappt sich fünftausend Verdächtige mittelöstlicher Herkunft, die fast alle eine gültige Aufenthaltsgenehmigung und bislang kein Delikt begangen haben, um sie zu *„verhören"*.

Mit Bezug auf das Anti-Terror-Komitee[2], das die UN-Resolution 1373[3] vom 28. September hervorbrachte, läßt das US-Außenministerium durch die UNO den Verbün-

1 President's Military Order: *Detention, Treatment, and Trial of Certain Non-Citizens in War Against Terrorism*, 13. November 2001. Abrufbar unter:http://www.whitehouse.gov/news/releases/2001/11/20011113-27.html

2 Offizielle Webseite des Anti-Terror-Komitees des UN-Sicherheitsrats: http://www.org/french/docs/sc/committees/1373/

3 Resolution 1373 des UN-Sicherheitsrats, 28. September 2001. Abrufbar unter: http://www.un.org/french/docs/sc/2001/res1373f.pdf

deten der USA gebieten, ähnliche Gesetze zu verabschieden. Bis heute haben fünfundfünfzig Staaten (darunter Frankreich mit dem ‚Gesetz zur täglichen Sicherheit') manche Bestimmungen des US PATRIOT Acts in die eigene Rechtsordnung übertragen. Ihr eigentliches Ziel ist es nicht, die Bevölkerungen vor dem Terrorismus zu schützen, sondern den US-amerikanischen Polizeibehörden es zu ermöglichen, ihren Tätigkeitsbereich auf die gesamte Welt zu erweitern. Es geht hauptsächlich darum, die Dauer der vorläufigen Festnahme zu verlängern, die Pressefreiheit einzuschränken und das Abfangen von Nachrichten durch die Sicherheitskräfte ohne juristische Kontrolle zu erlauben. Im Vereinigten Königreich erlaubte das Anti-Terror-Gesetz die Inhaftierung ausländischer Verdächtiger ohne jede Untersuchung, und das unter Mißachtung der europäischen Menschenrechtskonvention. In Kanada zwingt das Anti-Terror-Gesetz die Journalisten, auf Anforderung eines Justizbeamten und unter Androhung einer sofortigen Inhaftierung ihre Quellen preiszugeben. In Deutschland bekamen die Nachrichtendienste kriminalpolizeiliche Befugnisse und wurden zu politischen Polizeien. In Italien darf der Geheimdienst im Interesse der nationalen Sicherheit alle möglichen Delikte auf dem Staatsgebiet begehen und wird der Justiz keinerlei Rechenschaft abgeben müssen. Usw.[1] Zuletzt kommt US-Außenminister Colin Powell nach Europa, um sich zu vergewissern, daß die nationalen Polizeien künftig dem FBI die in ihrem Besitz befindlichen Informationen ohne Formalitäten werden übermitteln können, und um eine FBI-Antenne im Gebäude der Europol zu installieren.

1 *Le Top 15 des Etats les plus liberticides* vom Kollektiv Libertés immuables (internationaler Verband der Menschenrechtsligen, Human Rights Watch, Reporters sans frontières). Abrufbar unter: http://www.enduring-freedoms.org/pdf/RAPPORTL.pdf

*
* *

„Seit dem 11. September hat die Regierung Gesetze verabschiedet, Entschließungen und Gerichtsverfahren annehmen lassen, die mit unseren Gesetzen und allgemein anerkannten Werten nicht übereinstimmen und vorher undenkbar gewesen wären", schreibt die hervorragende Zeitschrift *New York Review of Books*[1]. Indem die USA ihre chauvinistische Mystik überschwenglich anregten, verschanzte sich das Land der Meinungsfreiheit und der politischen Transparenz hinter einer maßlos erweiterten Auffassung der Staatsräson und des Militärgeheimnisses, die auf sämtliche Bereiche der Gesellschaft anzuwenden sei.

Die offizielle Darstellung der Ereignisse vom 11. September vermag ein solches Umschwenken nicht zu rechtfertigen. Sind die Feinde Schurken, die sich in Afghanistan in Höhlen versteckt halten, warum dann die Gespräche zwischen Kollegen innerhalb des Pentagons befürchten? Ist es vorstellbar, daß eine Handvoll Terroristen vereinzelte Informationen über Waffeneinkäufe erhalten und daraus Schlüsse über die Pläne der US-Armee ziehen könnte? Warum die normale Funktionsweise der Institutionen aufheben und den Parlamentariern, selbst in geheimer Sitzung, die Informationen entziehen, die für das demokratische Leben unbedingt notwendig sind?

Und sollte die offizielle Darstellung, der zufolge die Anschläge von ausländischen Terroristen verübt wurden,

---

1 *The Threat to Patriotism* von Ronald Dworkin, in *The New York Review of Books* vom 28. Februar 2002. Abrufbar unter: http://www.nybooks.com

stimmen, warum dann jegliche Untersuchung durch den Kongreß und jegliche Ermittlung seitens der Presse verhindern?

Erleben wir nicht vielmehr einen Wechsel des politischen Regimes, der lange vor dem 11. September geplant wurde? Seit einem halben Jahrhundert versuchte der CIA zu wiederholten Malen, ein Gesetz verabschieden zu lassen, das der Presse untersagt, Staatsaffären zu erörtern, und Beamte sowie Journalisten kriminalisiert, die sie enthüllen würden. So brachte der sehr reaktionäre Senator Richard Shelby, seinerzeit Vorsitzender der Senatskommission, im November 2000 eine *„Gesetzesvorlage über Amtsgeheimnisse"* (Official Secrecy Act) ein, gegen die der damalige Präsident Bill Clinton sein Veto einlegte. Richard Shelby wiederholte das Manöver im August 2001 in der Hoffnung auf eine positive Reaktion seitens Präsident Bushs.[1] Die Gesetzesvorlage wurde gerade diskutiert, als sich die Anschläge ereigneten; sie wurde zum Teil in das „Gesetz zum Geheimdienst" (Intelligence Act) vom 13. Dezember 2001 aufgenommen. Sofort schuf Justizminister John Ashcroft eine Sondereinheit, die die Möglichkeiten abschätzen soll, dem Durchsickern von geheimen Informationen abzuhelfen.[2] Sie wird ihren Bericht innerhalb von sechs Monaten vorlegen. Schon jetzt sind etliche offizielle Webseiten gesäubert worden: Öf-

---

1 *Reviving a Misconceived Secrecy Bill*, Editorial der *New York Times* vom 21. August 2001. Abrufbar unter: http://www.nytimes.com *No More Secrecy Bills*, Editorial der *Washington Post* vom 24. August 2001. Abrufbar unter: http://www.washingtonpost.com, *Classifed Silencing*, Editorial der *St. Petersburg Times* vom 24. August 2001. Abrufbar unter: http://www.sptimes.com, *No Official Secrets Act*, Editorial der *The Hill* vom 5. September 2001. Abrufbar unter: http://www.hillnews.com usw.

2 *Task Force to Review Ways to Combat Leaks of Classified Information.* Siehe *Washington jaloux de ses sources ouvertes*, in *Intelligence Online* vom 3. Januar 2002, abrufbar unter: http://www.intelligenceOnline.fr

fentliche Informationen wurden entfernt, weil ihre Auswertung die ‚Terroristen' in die Lage versetzen könnte, geheime Informationen abzuleiten.

Da die Justiz, die Untersuchungskommissionen des Kongresses und die Presse, also alle Gegenmächte, neutralisiert wurden, stattete sich die Exekutive mit neuen Strukturen aus, die es ihr ermöglichen, auf die Innenpolitik jene Methoden auszudehnen, die CIA und Streitkräfte bereits im außenpolitischen Bereich erprobt haben.

Die Schaffung eines Office of Homeland Security (OHS), die Präsident Bush am 20. September vor dem Kongreß ankündigte, erfolgte erst am 8. Oktober. Es handelt sich nicht um eine Maßnahme aus gegebenem Anlaß, sondern um eine tiefgreifende Reform des amerikanischen Staatsapparats. In der Zukunft wird die Administration zwischen Innen- und Außensicherheit unterscheiden. Der OHS-Direktor Tom Ridge wird der Nationalsicherheitsberaterin Condoleezza Rice ebenbürtig sein. Jeder wird einem Rat vorsitzen: dem Council of Homeland Security und dem National Security Council. Ihre unterschiedlichen Zuständigkeiten überschneiden sich in vielen Bereichen. Deshalb ernannte Präsident Bush einen stellvertretenden Nationalsicherheitsberater mit dem Kampf gegen den Terror als Ressort. Auch wenn er Condoleezza Rice untersteht, muß er sich Tom Ridge zur Verfügung halten. Mit dieser Schlüsselposition wurde Wayne A. Downing, ein General mit besonders strammem Profil, betraut.[1] Downing leitete unter anderem die Sonderope-

1 *Bush Names Army General to NSC Post on Terrorism* von Mike Allen und Thomas Ricks, in *Washington Post* vom 30. September 2001; *Two Key Advisers Are Filling New Posts to Fight New War* von Mike Allen und Eric Pianin, in *Washington Post* vom 10. Oktober 2001. Abrufbar unter: http://www.washingtonpost.com

rationen des *Stay-behind*-Netzes.[1] Er übernahm außerdem die Verbindung zwischen den Räten und dem Amt für Strategische Beeinflussung, das die öffentliche Meinung und die Regierungen des Auslands manipulieren soll.

Das Amt für Innere Sicherheit hat umfangreiche Koordinationsbefugnisse, die sich mit der Zeit entwickeln können. Es ist schwer zu sagen, ob es eine ähnliche Rolle wie jenes Amt für Kriegsmobilisierung (OWM) während des Zweiten Weltkrieges spielen wird oder des gegenwärtigen Nationalen Politischen Amts für Drogenkontrolle (ONDCP), das die Militäroperationen in Südamerika überwacht.[2] Wie dem auch sei, wir erleben eine Bemächtigung des Zivillebens durch das Militär und den Nachrichtendienst[3]:

„Die Historiker werden sich daran erinnern, daß im November 2001 und im Februar 2002 die Demokratie – so wie die Verfasser der Unabhängigkeitserklärung und der US-Verfassung sie sich vorgestellt hatten – starb. Als die Demokratie ihren Geist aushauchte, wurde der faschistische und theokratische US-Staat geboren" kommentieren zwei bekannte Journalisten, John Stanton und Wayne Madsen[4].

---

1 Der *stay-behind* ist der geheimste aller Geheimdienste. Gegründet wurde er unmittelbar nach dem Zweiten Weltkrieg und polte ehemalige NS-Agenten um, um den zunehmenden Einfluß der Kommunisten zu bekämpfen. Er unterwanderte die westlichen Regierungen auf höchster Ebene und wurde zur Manipulierung der demokratischen Prozesse eingesetzt. Der italienische Zweig des *stay-behind* ist unter dem Namen Gladio bekannt.

2 Harold Relyea, *Homeland Security: the Presidential Coordination Office* Congressional Research Service, The Library of Congress, 10. Oktober 2001. Abrufbar unter: http://www.fpc.gov/CRS_REPS/crs_hsec.pdf

3 *Pentagon Debates Homeland Defense Role* von Bradley Graham und Bill Miller, in *Washington Post* vom 11. Februar 2001. Abrufbar unter: http://www.wasgingtonpost.co

4 *The Emergence of the fascist American Theocratic State* von John Stanton und Wayne Madsen, 10. Februar 2002.

Dritter Teil

Das Imperium greift an

Kapitel 1

Die Schuld liegt bei bin Laden!

Am Morgen des 11. September, als CNN die ersten Bilder eines der brennenden Türme des World Trade Center ausstrahlte, und man noch nicht wußte, ob es sich um einen Unfall oder ein Attentat handelte, sprachen die Kommentatoren aller Sender einmütig von der vermutlichen Verantwortung Osama bin Ladens. Diese Hypothese entwickelte sich in Kürze zur einzig möglichen Erklärung. Attentate von einer derartigen Barbarei konnten nur die eines Monsters mit blutverschmierten Händen sein, der zivilisierten Welt von Grund auf fremd und erfüllt von einem irrationalen Haß auf den Westen. Dieser Wahnsinnige war bereits identifiziert: Es war der Staatsfeind Nr. 1 der Vereinigten Staaten, Osama bin Laden. Das Gerücht wurde zudem durch Pressemitteilungen aus *„im allgemeinen gut unterrichteten Quellen"* oder *„aus erster Instanz"* genährt. Amtlich wurde es, als Colin Powell bin Laden öffentlich als *„Verdächtigen"* hinstellte. Und es wurde ein Dogma, als George W. Bush ihn als ‚Schuldigen' bezeichnete. Zu diesem Zeitpunkt ließ sich jedoch diese Schuldzuweisung öffentlich nicht stützen. Aber die amerikanischen Verantwortlichen setzten sich darüber hinweg, da in ihren Augen die Veröffentlichung eines Videos von Osama bin Laden einem Schuldbekenntnis gleichkam.

Osama bin Laden[1] ist eines von vierundfünfzig Kindern des Scheichs Mohammed bin Laden, der 1931 die Saudi Binladen Group (SBG) gründete. Diese Holdinggesellschaft, die bedeutendste in Saudiarabien, wickelt die Hälfte ihrer Geschäfte im Bausektor und durch öffentliche Arbeiten ab, die andere Hälfte im Entwicklungsbereich, mit Immobilien, im Versandgeschäft, in der Telekommunikation und im Verlagswesen. Sie rief eine Schweizer Investmentgesellschaft, die SICO (Saudi Investment Company) ins Leben, die mehrere Gesellschaften mit Filialen der Saudischen National Company gründete. Die SBG hält bedeutende Anteile an General Electric, Nortel Networks und Cadbury Schweppes. Als Repräsentant ihrer industriellen Aktivitäten in den Vereinigten Staaten fungiert Adnan Khashoggi (Ex-Schwager von Mohammed al-Fayed), während ihre finanziellen Geschäfte von der Carlyle Group abgewickelt werden. Bis 1996 wurde der Aufbau der SBG-Filialen in Lausanne durch ihren Berater, den NS-Bankier François Genoud geleitet, der Testamentsvollstrecker von Dr. Goebbels und Mäzen des Terroristen Carlos war. Die SBG ist so eng mit dem wahhabitischen Regime verbunden, daß sie lange Zeit der offizielle und einzige Vertragspartner für die Bauten und die Verwaltung der heiligen Stätten des Königreiches, Medina und

---

1 Zahlreiche Arbeiten behandeln die Biographie Osama bin Ladens. Der Großteil zeichnet sich jedoch mehr durch Propaganda oder Sensationalismus aus als durch sorgfältige Untersuchungen. Die meistverkauften Werke wie *Bin Laden, the Man who Declared War on America* von Yossef Bodansky (Prima Publishing 1996) [Bodansky ist übrigens Berater des US-Kongresses] oder *Au nom d'Osama bin Laden* von Roland Jaquard (Jean Picollec 2001) berufen sich auf nicht veröffentlichte Meldungen der Nachrichtendienste oder auf nicht verifizierbare Informationen. Wesentlich seriöser sind die von der Zeitschrift *Frontline* von PBS durchgeführten Recherchen, insbesondere *Hunting Bin Laden* (2001) und *Inside the Terror Network* (2002). Vollständige Wiedergabe unter, http://www.pbs.org/wgbh/pages/frontline/shows

Mekka, war. Sie hat sogar den Großteil der BTP-Aufträge zur Errichtung der US-Militärbasen in Saudiarabien und für den Wiederaufbau von Kuweit nach dem Golfkrieg erlangt. Nach dem Unfalltod von Scheich Mohammed bin Laden 1968 folgte ihm sein ältester Sohn, Salem. Dieser wiederum kam bei einem Flugzeug-,Unfall' 1988 in Texas ums Leben. Seither wird die SBG von Bakr, dem zweiten Sohn des Gründers, geführt.

Der 1957 geborene Osama ist diplomierter Betriebswirt und Nationalökonom der King Abdul Aziz-Universität. Er gilt als erfahrener Geschäftsmann. Im Dezember 1979 wurde er von seinem Vormund, dem Prinzen Turki al-Fayçal al-Saud (von 1977 bis August 2001 Direktor des saudischen Geheimdienstes) überredet, die finanzielle Leitung der geheimen Geschäfte des CIA in Afghanistan zu übernehmen. Im Laufe von zehn Jahren investierte der CIA zwei Milliarden Dollar in Afghanistan, um der UdSSR zu schaden, und führte dabei die kostspieligsten Operationen seiner Geschichte durch. Die saudischen und amerikanischen Stellen rekrutierten Islamisten, bildeten sie aus, bewaffneten sie und trieben sie in einen Jihad (Heiliger Krieg), um stellvertretend für die USA die Sowjets zu bekämpfen und zu besiegen.[1] Osama bin Laden leitete die Erfordernisse dieser abnormen Welt über ein Al-Qaida (wörtlich *„der Grundgedanke"*) genanntes Netzwerk.

*

* *

1 Richard Labéivière, *Les Dollars de la terreur – Les Etats-Unis et les islamistes,* Grasset 1999; Gilles Kepel, *Jihad, expansion et déclin de l'islamisme,* Gallimard 2000.

Nach der Niederlage der Sowjetunion interessierten sich die USA überhaupt nicht mehr für das Schicksal Afghanistans, das sie den Händen der Kriegsherren und der Moujahidin überließen, die sie in der gesamten arabisch-moslemischen Welt für den Kampf gegen die Rote Armee rekrutiert hatten. Osama bin Laden soll danach aufgehört haben, für den CIA zu arbeiten und soll diese Kämpfer auf eigene Rechnung weiterbeschäftigt haben. 1990 soll er der saudischen Monarchie vorgeschlagen haben, seine Leute in ihren Dienst zu stellen, um den laizistischen Abtrünnigen Saddam Hussein aus Kuweit zu vertreiben. Es habe daher nicht seine Zustimmung gefunden, daß ihm stattdessen die von Bush sen. (Präsident), Dick Cheney (damals Staatsekretär im Verteidigungsministerium) und Colin Powell (damals Generalstabschef) geführte Koalition mit dem Irak vorgezogen wurde.

Die Islamisten spalteten sich bald in zwei Lager, je nach ihrer Verbundenheit oder Gegnerschaft zu den amerikafreundlichen Saudis. Osama bin Laden war Mitglied der von dem Sudanesen Hassan el-Tourabi geführten Gruppe, in der sich auch Yasser Arafat befand. Gemeinsam nahmen sie an der Konferenz der arabischen und islamischen Völker in Khartum teil.

1992 landeten die Vereinigten Staaten unter UNO-Mandat in Somalia, um *„Hoffnung zu bringen"* (to restore hope). Einige alte Afghanistankämpfer sollen dort die Angriffe auf die GI's geleitet haben. Sie nahmen an einer Operation teil, in deren Verlauf achthundert amerikanische Soldaten den Tod fanden. Osama bin Laden wurde als Verantwortlicher dieses Anschlags bezeichnet. Die Armee der Vereinigten Staaten machte sich auf und davon. In der allgemeinen Vorstellung hatte bin Laden die Amerikaner besiegt, nachdem er zuvor auch die Sowjets geschlagen hatte.

Osama bin Laden wurde sodann seiner saudischen Nationalität für verlustig erklärt und ließ sich im Sudan nieder. Er brach mit seiner Familie und erhielt als sein Erbteil geschätzte dreihundert Millionen Dollar.[1] Diese Summe investierte er in die Gründung mehrerer Banken, landwirtschaftlicher Genossenschaften und lokaler Handelsketten. Zunächst mit Unterstützung von Colonel Omar Hassan el-Béchier, dann von Hassan el-Tourabi, baute er im Sudan verschiedene Unternehmen auf, mit deren Hilfe er einen Flughafen, Straßen sowie eine Pipeline errichtete und den größten Teil der arabischen Gummiproduktion kontrollierte. Ungeachtet dieser Projekte wurde er 1996 unter dem Druck Ägyptens, das ihn beschuldigte, ein Komplott zur Ermordung von Präsident Hosni Moubarak zu unterstützen, aus dem Sudan ausgewiesen. Schließlich kehrte er nach Afghanistan zurück.

Im Juni 1996 fanden neunzehn amerikanische Soldaten bei einem Attentat auf die Militärbasis in Khobar (Saudiarabien) den Tod. Die Vereinigten Staaten klagten Osama bin Laden als Drahtzieher an. Als Antwort rief er in seinem berühmten Appell *„Vertreibt die Polytheisten von der Arabischen Halbinsel"* zum Jihad gegen die USA und Israel auf. Dabei greift er die gleiche Argumentation auf, die er gemeinsam mit dem CIA in Afghanistan verwendet hatte: Es sei die heilige Pflicht jedes Moslems, die besetzten islamischen Territorien zu befreien. Allerdings erscheint es dabei problematisch, die blutige sowjetische Besetzung Afghanistans mit der vertraglich vereinbarten Einrichtung von US Militärbasen in Saudiarabien gleichzusetzen. Da der Aufruf des Milliardärs in der moslemischen Bevölkerung nicht das erhoffte Echo fand, gründete

1 Über die finanziellen Investitionen Osama bin Ladens siehe: Jean Charles Brisard & Guillaume Dasquié, *bin Laden. La Verité interdite,* Denoël 2001.

er 1998 zusammen mit dem ägyptischen Führer Ayman al-Zawahiridie die Internationale Islamische Front gegen die Juden und die *„Kreuzfahrer"*.

Am 7. August 1998 verwüsteten Attentate die amerikanischen Botschaften in Dar-es-Salaam (Tansania) und Nairobi (Kenia), wobei es zweihundertachtundneunzig Tote und mehr als viertausendfünfhundert Verwundete gab. Die Vereinigten Staaten beschuldigten Osama bin Laden erneut, der Anführer gewesen zu sein. Präsident Bill Clinton ließ fünfundsiebzig Cruise Missiles auf die Lager von Djalalabad und von Khost (Afghanistan) sowie auf das Laboratorium von Al-Shifa (Sudan) abfeuern, und das FBI setzte auf bin Ladens Kopf eine Prämie von fünfhundert Millionen Dollar aus. Alle seine Bankkonten wurden ‚eingefroren'.

Am 12. Oktober 2000 beschädigte ein Attentat durch ein explodierendes Boot im Hafen von Aden (Jemen) den Zerstörer USS Cole; dabei wurden siebzehn Marinesoldaten getötet und neununddreißig andere verwundet. Wieder beschuldigten die Vereinigten Staaten Osama bin Laden der Urheberschaft.

Am 8. Mai 2001 enthüllte Donald Rumsfeld, daß der Staatsfeind Nr. 1 der Vereinigten Staaten nicht nur bereits über bakteriologische und chemische Waffen verfüge, sondern auch in der Lage sei, eine Atombombe zu bauen und einen Satelliten ins All zu schicken.

In einem Interview durch das Magazin *Frontline* (PBS)[1] äußerte Milton Bearden (in den 80er Jahren Chef des CIA im Sudan und einer der Hauptverantwortlichen der Ge-

1 *Hunting bin Laden,* Frontline, PBS 2001. Abrufbar unter:http://www.pbs.org/wgbh/pages/frontline/shows

heimoperationen in Afghanistan) seine Skepsis: *„Das Vereinfachen bis zum Extrem und das Herstellen einer Verbindung zwischen ihm* [Osama bin Laden] *und allen terroristischen Aktionen der letzten zehn Jahre stellt eine Mißachtung* [der Intelligenz] *der meisten Amerikaner dar. Und es ermutigt unsere Verbündeten sicher nicht, uns in dieser Sache als seriös anzusehen."* Milton Bearden, der die Freiheit seiner Meinungsäußerung seit seinem Rücktritt 1994 wiedererlangt hat, führte weiter aus: *„In diesen Dingen gibt es viele Fiktionen. Das gilt besonders für die mythische Figur Osama bin Ladens. Er ist ein Teil des Schauspiels. Wir haben seit dem Untergang des ‚Reichs des Bösen'* [UdSSR] *1991 keine nationalen Feinde mehr. Und ich denke, daß wir damit ganz zufrieden sind. Wir lieben diesen ziemlich bizarren internationalen Terrorismus in einem Moment, wo der wahre Terrorismus seinen Charakter dramatisch verändert."*

Sei dem, wie es sei, *„the show must go on"*[1]: Die USA beschuldigen Osama bin Laden der Verantwortung für die Attentate des 11. Septembers 2001. Angesichts der Skepsis der Staatskanzlei verkündete Staatssekretär General Colin Powell auf einer Pressekonferenz der NBC: *„Wir arbeiten hart, um alle juristischen Informationen und Erkundungen auszuwerten. Und ich denke, daß wir in naher Zukunft ein Dokument veröffentlichen können, das die Beweise enthält, aufgrund derer wir annehmen, daß es eine Verbindung zwischen ihm und diesem Anschlag gibt."*[2] Obwohl mehrmals angekündigt, wurde dieses Dokument niemals publiziert.

Am 4. Oktober präsentierte der britische Premierminister Tony Blair dem Unterhaus einen Bericht mit dem Titel: *Die Verantwortlichkeit für die abscheulichen Terroranschläge*

---

1 *„Das Schauspiel muß weitergehen".*

2 Pressekonferenz, NBC, 23. September 2001. Abrufbar unter: htpp://www.state.gov/secretary/rm/2001/index.cfm?docid=5012

gegen die Vereinigten Staaten.[1] Darin wird folgendermaßen argumentiert: *„Keine andere Organisation als das Al-Qaeda Netz unter der Führung von Osama bin Laden hat zum gegenwärtigen Zeitpunkt die Motivation und die Möglichkeit, eine derartige Attacke wie die vom 11. September durchzuführen."*

Am gleichen Tag erklärte der pakistanische Außenminister Riaz Muhammad Khan, daß die amerikanischen *„Beweise"*, die seiner Regierung vorgelegt wurden, *„eine hinreichende Grundlage bildeten, um* [bin Laden] *vor Gericht zu stellen"*. Diese als geheime Verteidigungssache klassizierten *„Beweise"* wurden niemals publik gemacht.

Am 7. Oktober informierten die amerikanischen und britischen Gesandten die UNO über die bevorstehende Militäraktion in Afghanistan.[2] John Negroponte (USA) schrieb: *„Meine Regierung hat klare und unwiderlegbare Informationen erhalten, daß die Organisation Al-Qaida, die vom Talibanregime in Afghanistan unterstützt wird, eine zentrale Rolle bei den Angriffen gespielt hat."* Diese *„klaren und unwiderlegbaren"* Informationen wurden dem Sicherheitsrat niemals übermittelt.

An 10. November enthüllte der *Sunday Telegraph* die Existenz einer am 20. Oktober eingegangenen Videokassette, in der Osama bin Laden die Verantwortung für diese Anschläge übernommen habe. *„Die Zwillingstürme waren legitime Zielscheiben. Sie stellten eine Säule der amerikanischen Wirtschaftsmacht dar. Diese Ereignisse waren in je-*

1 *Responsability for the Terrorist Atrocities in the United States,* 11. September 2001, von Tony Blair (1. Version). Abrufbar unter: htpp://www.pm.gov.uk/file.asp?fileid=2590

2 Brief des Botschafters Negroponte an den Präsidenten des Sicherheitsrates. UNO-Dokument S/2001/946. Dazu auch der Brief des Botschafters Eldon, UNO-Dokument S/2001/947.

der Hinsicht großartig. Was hier zerstört wurde, waren nicht nur die Zwillingstürme, sondern auch die Türme der Moral dieses Landes." Bin Laden soll darin gleichermaßen den amerikanischen Präsidenten und den englischen Premierminister angegriffen haben: *„Bush und Blair verstehen nichts anderes als die Sprache der Gewalt. Jedesmal wenn sie uns töten, töten wir sie, solange bis ein Gleichgewicht der Kräfte erreicht sein wird."* Diese Enthüllungen wurden am gleichen Tag durch Tony Blair bestätigt, der dem Unterhaus mitteilte, Kenntnis von einer Kopie derselben zu haben. Diese mysteriöse Kassette wird in der aktuellen Version des Blair-Berichtes zitiert.[1] Es handelt sich dabei um ein Interview der Nachrichtenagentur Al-Jezeera, das schließlich von CNN im Januar 2002 ausgestrahlt wurde.

Ein Possenstück: Am 9. Dezember legte die Washington Post neben dieser *„einzigen"* Videokassette eine weitere vor.[2] Sie wurde am 11. September durch einen Vertrauten des Staatsfeindes Nr. 1 aufgezeichnet, zeigt die Reaktionen Osama bin Ladens auf die Ereignisse und bezeugt angeblich definitiv seine Verantwortung für ihre Planung. Gemäß der Agentur Reuter, die sich auf einen unbekannten Offiziellen beruft, teilte der Al-Qaida-Führer sogar mit, daß die meisten der Luftpiraten keine Kamikazes gewesen seien und nicht gewußt hätten, daß sie geopfert würden.

Eingeladen von *This Week* (ABC) kommentierte dies der Unterstaatssekretär im Verteidigungsministerium, Paul Wolfowitz, wie folgt: *„Das ist abstoßend... Ich möchte sagen, hier ist ein Mann, der sich brüstet und Freude daran fin-*

---

1 *Responsability for the Terrorist Atrocities in the Unites States,* 11. September 2001, von Tony Blair (2. Version).

2 Walter Pincus & Karen De Young, *New Tape Points to Bin Laden,* in *The Washington Post,* 9. Dezember 2001. Abrufbar unter: htpp://www.washington-post.com

det, Tausende unschuldige Menschen zu töten. Das bestätigt alles, was wir bisher über ihn wissen. Es gibt nichts Neues oder Überraschendes darin. Es ist einfach eine Bestätigung. Und ich hoffe, daß dies endgültig die unsinnigen Verschwörungstheorien zum Schweigen bringen wird, nach denen auf eine gewisse Weise die Vereinigten Staaten oder einige andere die Schuldigen seien."[1]

Diese Kassette wurde vom Pentagon am 13. Dezember ausgestrahlt. Osama bin Laden äußert darin die *„Bekenntnisse"* in allen Punkten gemäß der offiziellen Version, von der wir jedoch wissen, daß sie sehr weit von der Realität entfernt ist.

„Ich dachte, daß der durch das Kerosin verursachte Brand das Metallgerüst [des World Trade Center] *schmelzen und die getroffenen Teile sowie die darunter gelegenen Stockwerke einstürzen lassen würde. Das ist alles, was wir erhofften (...) Wir haben für den heutigen Tag unsere Arbeit beendet, und wir haben das Radio an (...) Wir haben den Sender gewechselt, um Neuigkeiten aus Washington zu erfahren. Die Nachrichten nahmen ihren Gang. Der Angriff wurde erst am Ende erwähnt. Dann teilte der Sprecher mit, daß ein Flugzeug gerade das World Trade Center getroffen habe (...) Ein Augenblick verstrich, dann berichteten sie, daß noch ein anderes Flugzeug im World Trade Center eingeschlagen sei. Die Brüder, die diese Neuigkeit hörten, waren verrückt vor Freude (...) Diejenigen Brüder, die diese Operation durchgeführt haben, wußten nur, daß sie eine Martyrerrolle spielen mußten. Wir haben jeden einzelnen von ihnen beauftragt, nach Amerika zu gehen, aber sie wußten nichts von der Operation, nicht ein einziges Wort. Sie waren aber trainiert, und wir haben ihnen nichts enthüllt bis zu dem Moment, wo sie dort waren und sich anschickten, in das Flugzeug zu steigen (...) Sie wurden von einer unglaublichen*

1 *This Week*, ABC, 9. Dezember 2001.

Freude ergriffen, als das erste Flugzeug gegen das Bauwerk gerast war, und ich habe ihnen gesagt: ,Seid geduldig' (...) Die Zeitspanne zwischen dem ersten und dem zweiten Flugzeug, die an den Türmen zerschellt sind, betrug zwanzig Minuten und die bis zu dem Flugzeug, das gegen das Pentagon gerast ist, eine Stunde."

Der Agent bin Laden untermauert nicht nur das Märchen vom Einsturzes der Türme durch die Einwirkung des Feuers, wie auch das von den Selbstmordkommandos und sogar das vom Anschlag gegen das Pentagon, sondern er ist auch bemüht, das klar Ersichtliche zu dementieren.

Das Video endet schließlich mit dem Kommentar seines Mitkämpfers: *„Sie* [die Amerikaner] *wurden in Schreken versetzt und dachten, es handle sich um einen Staatsstreich."* Wenn dies der Staatsfeind Nr. 1 der Vereinigten Staaten ist, der das sagt...

*

* *

Die Schuld des ‚rückfälligen' Osama bin Laden an den Attentaten des 11. September lag also zweifelsfrei vor, nachdem er sogar Aktionen eingestanden hatte, die überhaupt nicht vorgekommen waren.

Aber hat bin Laden wirklich mit dem CIA gebrochen und ist zum Feind Amerikas geworden?

Von 1987 bis 1998 wurde die Gruppe der Al-Qaida Kämpfer von Ali Mohammed, einem in die amerikanische Armee eingegliederten ägyptischen Offizier geleitet. Mohammed lehrte gleichzeitig am John Kennedy Special

Warfare Center and School, wo er die Mitglieder des *stay-behind*, des geheimsten, Infiltrationskaders und die Offiziere der US-Spezialeinheiten ausbildete.[1] Wenn man die Sicherheitsvorkehrungen der Geheimdienste kennt, die eine ständige Überwachung der Agenten untereinander vorsehen, kann man dann auch nur einen Augenblick glauben, daß Ali Mohammed abwechselnd in einer Militärbasis in den USA und in Lagern der Al-Qaida im Sudan und in Afghanistan gearbeitet haben könnte, ohne sofort entlarvt zu werden? Die von zahlreichen Medien ausgeschlachtete Verhaftung von Ali Mohammed Ende 1998 kann nicht darüber hinwegtäuschen, daß der *stay-behind* Al-Qaida Kämpfer ausbildete und deshalb Osama bin Laden mindestens bis 1998 weiter für den CIA arbeitete!

Wie sollte man im übrigen nicht sehen, daß die Legende Osama bin Laden eine in allen Teilen vom CIA bewerkstelligte Täuschung ist? So hat man versucht, uns glauben zu machen, daß bin Laden mit gerade einmal zwanzig Kämpfern die größte Armee der Welt aus Somalia verjagt habe!

Darüber hinaus wurden die Attentate von Nairobi und Dar-es-Salaam als anti-amerikanische dargestellt, obwohl nicht ein einziger der elf Toten von Dar-es-Salaam, und in Nairobi nur zwölf von einhundertdreiundzwanzig Toten Amerikaner waren. Diejenigen, die diese Attentate fälschlicherweise als anti-amerikanisch bezeichneten, taten dies im Bemühen, die daraus folgenden Konsequenzen zu rechtfertigen. [2]

---

1 Benjam Weiser und James Risen, *The Masking of a Militant*, in *The New York Times*, 1. Dezember 1998.

2 Raphael Perl, *Terrorism: US Responses to Bombing in Kenya and Tanzania, a New Policy Direction?* Congressional Research Service, The Library of Congress, 1. September 1998. Abrufbar unter:http://www.house.gov/crstmp/98-733.pdf Siehe auch: *Significant Incidents of Poli-*

In Wahrheit hat der CIA weiterhin auf die Dienste Osama bin Ladens gegen den russischen Einfluß zurückgegriffen wie er es schon im offenen Kampf der Afghanen gegen die Sowjetunion getan hatte. Man ersetzt keine siegreiche Mannschaft. Die Arabische Legion von Al-Qaida wurde 1999 übrigens dazu verwendet, um die rebellischen Kosovo-Albaner gegen Belgrad zu unterstützen.[1] Wie die *New York Times* feststellt, operierte sie dann bis November 2001 in Tschetschenien.[2] Die angebliche Feindseligkeit bin Ladens gegen die USA erlaubt es Washington, seine Verantwortung für diese verdeckten Einsätze zu leugnen.

Die Verbindungen zwischen dem CIA und bin Laden wurden 1998 nicht abgebrochen. Schwer krank ließ er sich vom 4. bis 14. Juli 2001 im amerikanischen Krankenhaus von Dubaï in den Vereinigten Arabischen Emiraten behandeln. *„Während seines Krankenhausaufenthaltes wurde er von mehreren Familienmitgliedern und Persönlichkeiten aus Saudiarabien und den Emiraten besucht. Im Laufe desselben Aufenthaltes sah man den örtlichen Vertreter des CIA, den viele Personen in Dubaï kennen, als er sich des Hauptaufzuges bediente, um sich in Ben Ladens Zimmer zu begeben,"* schreibt *Le Figaro*.[3] *„In der Nacht vor den terroristischen An-*

---

ical Violence Against Americans, State Depart-ment (1998). Abrufbar unter: http://www.ds-osac.org/publications/ documents/sig1998.pdf

1 Michael Chossudovsky, *Osamagate,* Center for Research on Globalisation, 9. Oktober 2001. Abrufbar unter: http://www.globalre search.ca/articles/CHO110A.html

Kosta Christitch, *Les Soldats de bin Laden en Bosnie et au Kosovo,* in *Balkans-Infos,* Oktober 2001

2 Michael Wines, *War on Terror Casts Chechen Conflict in a New Light,* in *The New York Times,* 9. September 2001. Abrufbar unter:http: //www.nytimes.com

3 Alexandra Richard, *La CIA a rencontré bin Laden à Dubaï en juillet,* in *Le Figaro,* 31. Oktober 2001.

griffen vom 11. September befand sich Osama bin Laden in Pakistan (...) Er wurde heimlich in ein Krankenhaus in Rawalpindi eingeliefert, um sich dort einer Dialyse zu unterziehen," berichtet der Korrespondent von CBS.[1]

Der Mann, der den Jihad auf die USA und Israel gelenkt hat, der Mann, auf den das FBI ein Kopfgeld von fünf Millionen Dollar ausgesetzt hat, der Mann, dessen Trainingslager von Cruise Missiles bombardiert wurde, läßt sich in einem amerikanischen Krankenhaus in Dubaï pflegen, wo er sich mit dem örtlichen CIA-Chef bespricht, dann unterzieht er sich einer Dialyse unter dem Schutz der pakistanischen Armee in Rawalpindi.

Dieses ausgeklügelte Doppelspiel bringt Vertraute aus dem Umfeld Ben Ladens und Al-Qaida-Kämpfer mit ins Spiel. So wurde zum Beispiel gemäß der offiziellen amerikanischen Version das Labor von Al-Shifa im Sudan von bin Laden zur Herstellung chemischer Waffen und Massenvernichtungsmittel verwendet. Deshalb sei es 1998 von der US-Luftwaffe bombardiert worden. Dennoch stellten internationale Beobachter, die die Ruinen inspiziert hatten, in Abrede, daß die Fabrik etwas anderes als Aspirin hergestellt habe. Diese Fabrik befand sich im Gemeinschaftsbesitz von Osama bin Laden und Salah Idris. Der CIA beschuldigte den letzteren der Komplizenschaft bei der Herstellung chemischer Waffen und der finanziellen Unterstützung des islamischen Jihad in Ägypten. Er ließ Idris' Konten einfrieren, hob diese Maßnahme im Mai 1999 jedoch stillschweigend wieder auf. Heute hält der ‚Terrorist' Salah Idris über die Offshore-Gesellschaft Global Security Systems 75% der Aktien von IES Digital Systems und 20% von Protec. Wie die

1 Barry Petersen, *Hospital Worker: I Saw Osama*, CBS, 29. Januar 2002. Abrufbar unter: htpp://www.cbsnews.com

Baronin Cox dem Unterhaus enthüllte, sichert IES Digital Systems gegenwärtig die Videoüberwachung der britischen Regierungsgelände und Militäranlagen.[1] Protec hingegen ist für die Sicherheit von elf zentralen britischen Nuklearanlagen verantwortlich.

Mohammed Atta, dem das FBI vorwirft, als Agent der Al-Qaida die Kamikazekomandos des 11. September geleitet zu haben, und dessen Bankkonten zur Finanzierung dieser Operation verwendet worden sein sollen, war ein Agent des pakistanischen Geheimdienstes (ISI) – den man schon immer als Zweigstelle des CIA betrachtete.[2] Die *Times of India* berichtet, daß General Ahmed Mahmud, Direktor des ISI, im Juli 2001 hundert Millionen Dollar auf das Bankkonto von Mohammed Atta in den Vereinigten Staaten überwies.[3] Diese Enthüllung hat in den USA keine einzige Frage aufgeworfen. Vielmehr wurde General Mahmud zum Rücktritt aufgefordert, wobei man Sorge trug, daß er selbst seinen Nachfolger bestimmen konnte.

---

1 Antony Barnett/Conal Walsh, *Terror Links to TV's Guarding UK*, in *The Observer*, 14. Oktober 2001. Dies.: *Inquiry Call Over Company Guarding UK Nuclear Plant*, in *The Observer*, 4. November 2001. Abrufbar unter: http://www.observer.co.uk

2 B. Raman, *Pakistan's Inter-Service Intelligence (ISI)*, South Asia Analysis Group, Paper 287, 1. August 2001. Abrufbar unter: http://www.saag.org

3 *India Helped FBI Trace ISI-Terrorist Link*, in: *Times of India*, 9. Oktober. Abrufbar unter: http://www.timesofindia.com

Die in den USA ergriffenen Maßnahmen gegen bin Laden sind nicht sehr überzeugend. Die fünfundsechzig auf das Trainingslager der Al-Qaida abgefeuerten Cruise Missiles[1] wurden in der Fabrik von Al-Shifa hergestellt und töteten einundzwanzig islamistische Kämpfer, was in keinem Verhältnis zu den eingesetzten Mitteln und zu den einhundertachtundneunzig Toten von Nairobi und Dar-es-Salaam steht.

„Seit dem Kalten Krieg hat Washington wissentlich Osama bin Laden unterstützt, wobei man ihn zur Täuschung auf die Liste der am meisten durch das FBI gesuchten Personen setzte. Während die Moujahidin in die bewaffneten Aufstände auf dem Balkan und in der Ex-UdSSR, die auf das Konto der Vereinigten Staaten gehen, verwickelt werden, hat das FBI den Auftrag, ihn in die Vereinigten Staaten zu bringen – offiziell hingegen soll es einen Krieg gegen den Terrorismus führen. Augenscheinlich handelt es sich dabei nicht nur um widersprüchliche Aktionen, sondern um eine verlogene Politik gegenüber den Bürgern, denn seit dem Afghanistankrieg der UdSSR unterstützt der CIA den internationalen Terrorismus durch geheime Operationen" [2], schreibt Prof. Michel Chossudovsky von der Universität Ottawa.

*

* *

1 Die BGM-109 Tomahawk Raketen wurden von General Dynamics in Zusammenarbeit mit McDonnell Douglas hergestellt. Je nach Modell wurden sie der amerikanischen Armee mit einer Summe zwischen 600000 und 1 200000 Dollars in Rechnung gestellt. Die reinen Munitionskosten dieser Vergeltungsaktion belaufen sich demnach auf eine Summe zwischen fünfundvierzig und neunzig Millionen Dollars.

2 Michel Chossudovsky, *Qui est Oussama Ben Laden?*, in *L'Autre Journal*, Oktober 2001. Abrufbar unter: http://www.globalresearch.ca/articles/CHO109E.html

Osama bin Laden ist zum einen kein Feind, sondern ein Agent der Vereinigten Staaten, zum anderen hat er auch niemals mit seiner Familie gebrochen, die ein wichtiger Wirtschaftspartner der Familie Bush ist.[1]

Wir haben bereits aufgeführt, daß die Finanzkonten der Saudi Binladen Group (SBG) von der Carlyle Group verwaltet werden. Die 1987 gegründete Carlyle Group verfügt derzeit über ein Vermögen von zwölf Milliarden Dollar. Sie hält die Majorität bei Seven Up (das die Flaschenabfüllung für Cadbury Schweppes besorgt), bei der Federal Data Corporation (die unter anderem die Federal Aviation Administration mit Überwachungssystemen für den zivilen Flugverkehr ausgestattet hat) und bei United Defence Industries Inc. (dem Hauptausstatter der amerikanischen, türkischen und saudischen Armeen). Durch die von ihr kontrollierten Gesellschaften nimmt die Carlyle Group Rang elf der amerikanischen Rüstungsunternehmen ein.

1990 wurde die Carlyle Group in eine betrügerische Finanzaffäre verwickelt. Ein Lobbyist der Republikanischen Partei, Wayne Berman, hatte amerikanische Rentenfonds zur Finanzierung der Wahlkampagne der Bushs entwendet; einer dieser Fonds wurde dazu verwendet, um der Carlyle Group eine Million Dollar zum Erhalt eines öffentlichen Auftrages in Connecticut zur Verfügung zu stellen.

---

1 Wir haben diese Verbindungen bereits im Detail in *Les liens financiers occultes des Bush et des bin Laden*, in *Notes d'informations du Réseau Voltaire* vom 16. Oktober 2001 aufgeführt. Die *Recherche* wurde in Mexiko im *Proceso* vom 21. Oktober 2001 unter dem Titel *Lazos financieros unen a las familias Bush y Bin Laden* erneut abgedruckt. Abrufbar unter: http://www.proceso.commx/1303/1303n19.html

Präsident dieser Fond-Verwaltung ist Frank C. Carlussi (ehemaliger stellvertretender Direktor des CIA, dann Staatssekretär im Verteidigungsministerium). Seine Berater sind James A. Baker III, (ehemaliger Kabinettschef von Präsident Reagan, dann Schatzsekretär und schließlich Staatssekretär unter George Bush Vater) und Richard Darman (ehemaliger Budgetdirektor). Ihre Repräsentation im Ausland übertrug die Carlyle Group John Major[1], (dem ehemaligen englischen Premierminister) und George Bush sen.[2] (dem ehemaligen CIA-Direktor und Präsidenten der Vereinigten Staaten). Unter den anderen leitenden Personen der Carlyle Group findet man Sami Mubarak Baarma, den Begründer der Machtstellung von Khaled Ben Mahfouz, und einen gewissen Talat Othman, zwei Personen, die mit dem derzeitigen amerikanischen Präsidenten in enger Verbindung stehen.

Tatsächlich verdankt George W. Bush sein persönliches Vermögen erfolgreichen Geschäften, die er an der Spitze der Harken Energy Corporation tätigte.[3] Diese kleine texanische Ölgesellschaft erhielt die Ölkonzessionen von Bahrein, als Gegenleistung für die von George Bush sen. ausgehandelten kuwaitisch-amerikanischen Verträgen.[4] Wohlverstanden, in den USA eine völlig legale Vorgehensweise!

Khaled Ben Mahfouz war als Aktionär mit 11,5% an Harken beteiligt. Seine Aktionen wurden von einem Be-

25 *John Major Link to Bin Laden Dynasty*, in *Sundy Herald*, 7. Oktober 2001.

26 *Bush of Arabia*, in *The Nation* vom 27. März 2000. *Elder Bush in Big GOP Cast Toiling for Top Equity Firm*, in *The New York Times* vom 5. März 2001.

27 *Harken Energy Corporation* nannte sich anfangs *Arbusto*.

28 *Fuel for Fantasy*, in: *Forbes* vom 3. September 1990; *Ex-Bush Aide Turns to Stumping for Kuwait... While Jr. Reaps Oil Windfall*, in *The Guardian* vom 12. Dezember 1990.

gründer seiner Machtstellung, Abdullah Taha Bakhsh, abgesichert. Ein gewisser Talat Othman war Verwalter. Osama bin Ladens ältester Bruder Salem hingegen wurde im Verwaltungsrat von Harken von seinem amerikanischen Wegbereiter, James R. Bath, vertreten.

Es handelt sich hierbei nicht um die ersten Manipulationen dieser hermetischen kleinen Welt: der Familie Bush, der ihnen politisch Verpflichteten, ihrer Finanzpartner und des unvermeidlichen CIA. Sie standen vielmehr bereits im Mittelpunkt des gigantischen Bankskandals der 90er Jahre: Der Bankrott von BCCI[1].

Die Bank of Credit and Commerce International (BCCI) war ein anglo-pakistanisches Unternehmen und in dreiundsiebzig Ländern vertreten. Sie wurde gemeinschaftlich von drei großen Familien getragen: Gokal (Pakistan), Ben Mahfouz (Saudiarabien) und Gaith Pharaon (Abu Dhabi)[2].

---

1 Der Skandal um BCCI wurde zum Thema einer wahren Literaturflut. Wir stützen uns hauptsächlich auf *The BCCI Affair*, Report of Sen. Joseph Kerry (D-Mass.) und Sen. Hank Brown (R-Colo.) to the Senate Commitee on Foreign Relations, Subcommittee on Terrorism, Narcotics and International Operations, 30. September 1992. Der vollständige Text ist nachzulesen im Internet unter: http://www.fas.org/irp/congress/1992_rpt/bcci. Dazu auch Rachel Ehrenfeld, *Evil Money, Encounter along the Money Trial*, Harper Business 1992. Peter Truell & Larry Gurwin, *False Profits, The Inside Story of BCCI, the World's Most Corrupt Financial Empire*, Houghton 1992; dies., *A Full Service Bank: How the BCCI Stole Billions Around the World*, Simon & Schuster 1992; Jonathan Beaty & S.C. Gwynne, *The Outlaw Bank: A Wild Ride Into the Secret Heart of BCCI*, Random House, 1993; Nick Kochan & Bob Whittinton, *Bankrupt: The BCCI Fraud*, Victor Gollancz Ltd. 1991.

2 Der Geschäftsführer von *Gaith Pharaon* in Frankreich, Farid Djouhri, kaufte im Oktober 2001 zwei Anzeigenseiten in *Le Figaro* und *Le Monde*. Dieser Vorgang diente dazu, alle Verbindungen von *Gaith Pharaon* zu Osama bin Laden zu dementieren und seine Redlichkeit zu

Ronald Reagan benutzte sie dazu, die iranische Regierung zu bestechen, damit diese die Befreiung der amerikanischen Geiseln in der Botschaft von Teheran verzögere und dadurch das Ende der Präsidentschaft von Jimmy Carter in ein schlechtes Licht gestellt werde (Operation „October Surprise“). Später benutzte die Regierung Reagan auf Anstoß des Ex-CIA Direktors und Vizepräsidenten George Bush sen. die BCCI, um saudische Gelder den Contras in Nicaragua zufließen zu lassen und um das Geld des CIA zu den Mujahidin in Afghanistan zu transferieren. Die BCCI ist ebenfalls in Geschäfte des syrischen Waffenhändlers Sarkis Sarkenalian verwickelt, des weiteren in den Keatinga-Skandal in den USA, in die Affäre des Händlers Marc Rich, in die Finanzierung der Gruppe Abu Nidal, usw. Die Bank scheiterte schließlich, als bekannt wurde, daß sie sich auch an Geldwäschegeschäften des Medellin-Kartells beteiligte. Als sie ihre Tore schloß, prellte sie noch eine Million Kleinanleger.

Die Tatsache, daß die BCCI vom CIA manipuliert, wenn nicht gar aufgebaut wurde, darf nicht weiter überraschen. Seit der Gründung der OSS durch Wirtschaftsanwälte und Börsenmakler der Wall Street gibt es eine lange Bankentradition im amerikanischen Geheimdienst. Zwei ehemalige Direktoren des CIA, Richard Helms und William Casey, arbeiteten in der BCCI, desgleichen zwei brillante Agenten aus dem Einflußbereich des CIA, Adnan Khashoggi[1] (Vertreter der Saudi Binladen Group in den

---

betonen. Dennoch droht *Gaith Pharaon* seit der Affäre BCCI immer noch ein Haftbefehl von FBI und von IRS. Ebenso ist er in Argentinien im Zusammenhang mit einem Waffengeschäft angeklagt, in das auch der ehemalige Präsident Carlos Menem verwickelt ist. Siehe dazu *Gaith Pharaon s'offre la presse française*, in: *Intelligence Online*, 18. Oktober 2001. Abrufbar unter: http://www.intelligence Online.fr

1 Ronald Kessler & Adnan Khasoggi, *The Richest Man in the World*, Warner Books Inc. 1986.

USA) und Manucher Ghobanifar (Chefhändler von Irangate). Ganz zu schweigen von Kamal Adham (Schwager von König Faisal und bis 1977 Chef des saudischen Geheimdienstes), Prinz Turki al-Faisal al-Saud (saudischer Geheimdienstchef von 1977 bis August 2001 und Vormund von Osama bin Laden) sowie von Abdul Raouf Khalil, dem stellvertretenden Direktor des saudischen Geheimdienstes.

Zur Erinnerung sei gesagt, daß die BCCI anscheinend auch eine undurchsichtige Rolle in Frankreich gespielt hat. Sie diente besonders dazu, den Transfer amerikanisch-französischer Nukleartechnologie nach Pakistan zu verschleiern und um die Befreiung von Geiseln zu bezahlen. Ein Charles Pasqua nahestehender Geschäftsmann, Dominique Santini, wurde im Ausland wegen seiner Rolle in der BCCI[1] angeklagt, unbeschadet seiner gerichtlichen Verfolgung in der Affäre Elf-Thinet in Frankreich. Drei Jahre nach dem Zusammenbruch der Bank spielten die ehemaligen Direktoren eine Vermittlerrolle bei der Ausfertigung des Vertrages Sawari-II und bauten ein Schmiergeldsystem auf, um die Präsidentschaftskampagne von Edouard Balladur zu finanzieren. Die durch diesen Verkauf von Schnellbooten an Saudiarabien aufgeworfenen Fragen veranlaßten Jaques Chirac nach seinem Einzug in den Elyséepalast, François Léotard, den ehemaligen Verteidigungsminister von Edouard Balladur, abhören zu lassen.

Die BCCI arbeitete eng mit SICO[2], der Schweizer Investmentfiliale der Saudi bin Laden Group zusammen. Unter deren Verantwortlichen befand sich Salem, einer der Brüder Osama bin Ladens.

---

1 Thierry Meyssan, *L'énigme Pasqua,* Golias 2001.
2 Der ursprüngliche Name von SICO war CYGNET.

Khaled Ben Mahfouz wurde als Alleinverantwortlicher für den Zusammenbruch der Bank betrachtet und 1992 in den Vereinigten Staaten angeklagt. 1995 gelang es ihm, als Ergebnis einer Transaktion in Höhe von zweihundertfünfundfünfzig Millionen Dollar mit den Gläubigern der Bank, die Anklage vor Gericht aufheben zu lassen.

*

* *

Wenn es stimmt, was viele offizielle amerikanische Stellen behaupten, daß die Familie bin Laden weiterhin die Verbindung zu Osama aufrecht erhält und seine politischen Aktivitäten finanziert, wäre die Carlyle Group, die die Finanzgeschäfte der Saudi Binladen Group durchführt, notwendigermaßen in die kriminellen Machenschaften der Eingeweihten verwickelt. George Bush sen. wäre demnach einer der glücklichen Nutznießer der Börsenmanöver des 11. September 2001. Ein guter Grund für den FBI und IOSCO, den Geldhahn für die Untersuchung der Hintergründe abzudrehen.

Kapitel 2

Die Unternehmungen gehen weiter

Am 7. Oktober 2001 tritt Bush feierlich vor das Fernsehen. Seine Rede wird nicht aus dem Präsidentenbüro ausgestrahlt, sondern aus dem Vertragssaal des Weißen Hauses: Der Krieg hat begonnen.[1]

„Auf meine Anordnung hin haben die militärischen Kräfte der Vereinigten Staaten begonnen, die Lager der Al-Qaida Terroristen und die militärischen Einrichtungen des Taliban-Regimes in Afghanistan anzugreifen. Diese zielgerichteten Schläge sollen verhindern, daß Afghanistan gewißermaßen als Operationsbasis benutzt wird, und sie richten sich auch gegen die militärischen Kapazitäten der Taliban-Regierung. Unser loyaler Freund Großbritannien nimmt ebenfalls an dieser Operation teil. Andere gute Freunde, insbesondere Kanada, Australien, Deutschland und Frankreich engagieren sich, um entsprechend dem Ablauf der Operation Einheiten zu bereitzustellen. Mehr als vierzig Länder des Vorderen Orients, Afrikas, Europas und Asiens haben Transitrechte und das Einrichten von Flugbasen

1 *Presidential Address to the Nation*, 7. Oktober 2001. Abrufbar unter: http://www.whitehouse.gov/news/releases/2001/10/20011007-8.html

eingeräumt. Viele unter ihnen lassen uns an den relevanten Informationen ihrer Nachrichtendienste teilhaben. Wir werden vom kollektiven Willen der ganzen Welt unterstützt.

Vor mehr als zwei Wochen habe ich den Talibanführern mehrere klare und spezifische Aufforderungen zukommen lassen: schließt die Trainingslager der Terroristen; liefert die Führer des Al-Qaida-Netzwerkes aus und befreit alle ausländischen Angeklagten, darunter die amerikanischen Bürger, die unrechtmäßig in eurem Land festgehalten werden. Sie haben keine dieser Aufforderungen erfüllt. Jetzt werden die Taliban den Preis zahlen.

(...) Das unterdrückte afghanische Volk wird aus diesem Anlaß die Großzügigkeit der Vereinigten Staaten und seiner Verbündeten kennenlernen. Wir greifen militärische Ziele an, aber wir werden gleichzeitig Lebensmittel, Medikamente und Gegen-stände des täglichen Gebrauchs an die Männer, Frauen und Kinder verteilen, die in Afghanistan Hunger leiden.

Die Vereinigten Staaten sind ein mit dem afghanischen Volk befreundetes Land, und wir sind die engsten Freunde einer Milliarde von Menschen, die auf der ganzen Welt dem moslemischen Glauben anhängen. Die Vereinigten Staaten sind der Feind derer, die den Terroristen und kriminellen Barbaren helfen, die eine große Religion entehren, indem sie in deren Namen Mordtaten begehen.

(...) Wir unterziehen uns dieser Aufgabe nicht freiwillig, aber wir werden sie ausführen."

In London wendet sich Tony Blair von Downing Street Nr. 10 aus an die Engländer und bestätigt, daß die Truppen Ihrer Majestät an der Seite der Amerikaner kämpfen. Als sich ein Feuerregen über Kabul ergießt, strahlt der katarische Informationssender Al-Jezeera eine aufgzeichnete Rede Osama bin Ladens aus:[1]

1 Text der Erklärung Oussama Ben Ladens, AFP Depesche vom 7. Oktober 2001.

„Hier sehen wir das von Allah in seinem verwundbarsten Punkt geschlagene Amerika, Allah sei Dank, seine prestigeträchtigsten Bauten sind zerstört, und wir danken Allah dafür. Hier sehen wir das von Nord nach Süd, von Ost nach West vom Terror erschütterte Amerika, und wir danken Allah dafür. Allah hat die Schritte einer Gruppe von Moslems gelenkt, einer Gruppe von Vorkämpfern, die Amerika zerstört haben, und wir flehen zu Allah, er möge ihren Rang erhöhen und sie ins Paradies aufnehmen.

(...) Nach allem, was geschehen ist und nach dem, was die hohen Verantwortlichen der Vereinigten Staaten, an erster Stelle der Anführer der Ungläubigen auf der Welt, Bush, gesagt haben, und nachdem sie ihre Menschen und Pferde [sic] *mobilisiert und gegen uns die Länder aufgehetzt haben, die vorgeben, moslemisch zu sein (...) sind sie aufgebrochen, um eine Gruppe zu bekämpfen, die an ihrer Religion festhält und sich nicht für die Welt interessiert, sie sind aufgebrochen, den Islam zu bekämpfen und die Völker, unter dem Vorwand, sie seien Terroristen, anzugreifen.*

(...) Diese Ereignisse haben die Welt in zwei Lager gespalten: diejenigen, die den Glauben haben und ohne Heuchelei sind, und die Ungläubigen, vor denen Gott uns behüte. Jeder Moslem ist verpflichtet, seine Religion zu verteidigen, denn der Wind des Glaubens und des Wandels hat geweht, um die Ungerechtigkeit auf der Halbinsel Mohammeds zu vernichten [die arabische Halbinsel, wo der Prophet des Islam geboren wurde].

Ich richte an Amerika wohl erwogene Worte, ich schwöre bei Allah, daß Amerika nie wieder Sicherheit finden wird, bevor Palästina sie nicht kennt, und bevor nicht alle westlichen, atheistischen Armeen die heilige Erde [des Islam] *verlassen haben."*

Nachdem dieser indirekte Dialog zwischen Präsident Bush und dem CIA-Agenten bin Laden der Welt bestätigt hatte, daß der Afghanistan-Krieg eine Antwort auf die Attentate des 11. September ist, konnten die Operationen beginnen.

*
* *

Der Zusammenbruch der UdSSR und die Selbständigkeit Zentralasiens haben das ‚Große Spiel' wieder eröffnet.[1] Dieser von Rudyard Kipling im 19. Jahrhundert erfundene Ausdruck bezeichnet das Ringen um Einfluß, dem sich die großen Staaten dieser Region mit Freude hingeben, wobei sie es gerade noch vermeiden, sich direkt gegenüberzustehen. Die Region verfügt über sehr wichtige Öl- und Gasreserven. In den Bergen finden sich auch Edelsteine. Außerdem wird dort Mohn angebaut.[2]

Um ins Weiße Haus zu gelangen, hat George W. Bush seine Regierungsmannschaft aus bedeutenden Vertretern der Öl-Lobby zusammengestellt. So ist die nationale Si-

1 Der Ausdruck „das Große Spiel" wurde für den aktuellen Gebrauch im Artikel von Ahmed Rashid in *Far Eastern Economic Review*, wieder aufgenommen. Siehe dazu M. Ehsan Ahari, *The New Great Game in Muslim Central Asia.* Mc Nair Paper Nr. 47 (National Defense University 1966). Abrufbar unter: http://www.ndu.edu/inss/macnair/mcnair47/mcnair47.pdf Siehe auch: Dianne L. Smith, *Central Asia: A New Great Game?* (US Army War College 1996). Abrufbar unter: http://carlislewww.army.mil/usassi/ssipubs/pubs96/centasia.pdf Siehe auch: Ehsan Ahari, *The New Great Game: Oil, Politics in the Caucasus and Central Asia*, Heritage Foundation 1996; *Jihadi Groups, Nuclear Pakistan, and the New Great Game* (US Army War College 2001). Abrufbar unter: http://carlisle.www.army.mil/usassi/ssipubs/pub2001/jihadi/jihadi.pdf Dazu auch die vom 4. Komitee der 51. Sitzung des Institut des Hautes études de la Défense national 1999 herausgegebene Schrift: *Les Rivalités autour du pétrole de la mer Caspienne.*
2 Richard F. Perl, *Taliban and the Drug Trade,* Congressionnal Research Service, The Library of Congress, 5. Oktober 2001. Abrufbar unter: http://www.fpc.gov/CRS_REPS/crstalib.pdf Siehe auch: International Crisis Group, *Central Asia: Drugs and Conflict.* Abrufbar unter:

cherheitsberaterin, *Condoleezza Rice*[1], eine ehemalige Leiterin von *Chevron-Texaco*[2], und die Sekretärin des Inneren, Gale Norton, vertritt die Interessen von *BP-Amoco*[3] und die der saudischen Delta Oil. Nach dem 29. Januar 2001 hat Vizepräsident Dick Cheney – ehemaliger Präsident von Halliburton[4] (dem weltweit größten Hersteller von Ölförderausrüstungen) – eine Gruppe zur Entwicklung der nationalen Energiepolitik ins Leben gerufen. Seine Vereinigungen sind hoch gesichert, die Liste der Mitglieder ist ein Staatsgeheimnis, und es ist verboten, ein schriftliches Protokoll der Sitzungen anzufertigen. An diesem Konzern ist alles so geheim, daß ihn die *Washington Post* sofort als ‚Geheimgesellschaft' bezeichnet hat.[5] Die Kommentatoren – die noch nicht wissen, was zum Bankrott von Enron, dem weltweit ersten Energie-

---

http://www.crisis-web.org/projects/asia/centralasia/reports/A400495_26112001-2.pdf

1 Carla Marinucci, *Critics Knock Naming Oil Tanker Condolezza,* in: *San Francisco Chronicle,* 5. April 2001.

2 Frau Rice war bis zu ihrer Nominierung für den nationalen Sicherheitsrat Mitglied des Verwaltungsrates und Aktionärin von *Chevron. Chevron* ist der neue Name der von John D. Rockefeller gegründeten *Standard Oil* von California, genannt *Esso Standard. Chevron* und *Texaco* haben am 9. Oktober 2001 fusioniert. Mit 124 Milliarden Euro Jahresumsatz ist die neue Gesellschaft die zweitgrößte multinationale in den USA hinter *Exxon-Mobil* (242 Milliarden Euro Jahresumsatz. Abrufbar unter: http://www.ChevronTexaco.com

3 BP (British Petroleum)-Amoco ist die dritte Gruppe weltweiter Ölgesellschaften mit einem Jahresumsatz von 157 Milliarden Euros. Abrufbar unter: http://www.bp.com *BP-Amoco* hat einige ihrer Unternehmen in Europa mit Mobil fusioniert.

4 Offizielle Internetseite: http://www.halliburton.com/ Mit 12,5 Milliarden Euro Jahresumsatz ist Halliburton der weltweit größte Hersteller von Ölförderanlage Ausrüster der Ölgesellschaften vor Schlumberger (10 Milliarden Jahresumsatz).

5 *Energy Task Force Works in Secret* von Dana Milbank und Eric Piannin, in *Washington Post,* 16. April 2001. Abrufbar unter: http://www.washingtonpost.com

händler führen wird – sind übereinstimmend der Ansicht, daß das vorrangige Ziel der NEPD die Ausbeutung der Kohlenwasserstoffvorkommen im Kaspischen Meer ist. Die Frage ist – wie transportiert man Öl und Gas, ohne mit Rußland und dem Iran verhandeln zu müssen? Eine Pipeline wird quer durch Aserbeidschan, Georgien und die Türkei gebaut werden, um das Kaspische Meer mit dem Mittelmeer zu verbinden (Projekt „BTC" als Abkürzung für Baku-Tiflis-Ceyhan). Zugleich hat man eine andere Verbindung vom Kaspischen zum Schwarzen Meer geschaffen, die unglücklicherweise durch Rußland führt, das für sie Gebühren erhebt. Sie verbindet Tengiz mit Novorossisysk und wurde am 27. November 2001 eingeweiht. Eine dritte, am meisten versprechende Variante müßte das Kaspische Meer mit dem Indischen Ozean verbinden (ein Projekt der Firma UNOCAL mit Hilfe von Delta Oil).[1] Das Problem dabei ist: Sie müßte nicht nur Pakistan, sondern auch Afghanistan durchqueren, das im Bürgerkrieg versinkt, seit dem dort in Folge des sowjetischen Debakels jede Form staatlicher Organisation verschwunden ist. Im Dezember 1997 mußte UNOCAl sein Vorhaben angesichts der Ablehnung durch die Taliban fallen lassen. Alle Versuche, dieses Hindernis zu beseitigen, sind seither gescheitert, obwohl der Vizepräsident der Gesellschaft, John J. Maresca, zum Gesandten der Vereinigten Staaten in Afghanistan ernannt wurde.

1 Um ihr Projekt zum Erfolg zu führen, hat UNOCAL zunächst das *Consortium Central Asia Gas* (genannt *Cent Gas*) gemeinsam mit *Delta Oil*, *Gazprom* und *Turkmenogaz* ins Leben gerufen. Dieses stieß angesichts der unerwarteten argentinischen Konkurrenz von *Bridas* auf Widerstand. Danach wurde, gemeinsam mit der saudischen *Delta Oil Gesellschaft*, der turkmenischen Regierung, der *Indonesian Petroleum* (INPEX), der japanischen Gesellschaft ITOCHU, dem koreanischen Hyundai Konzern und der pakistanischen Crescent Group das Central Asian Oil Pipeline Projekt gegründet.

Um die Unterhandlungen voranzutreiben, hat Staatssekretär Colin Powell im Mai 2001 einer Subvention von dreiundvierzig Millionen Dollar an das Talibanregime für alternative Existenzgründungen der Mohnbauern zugestimmt. Nachdem er beim G-8 Gipfeltreffen in Genf (an dem Indien als Beobachter teilnahm) dafür die Zustimmung erlangt hatte, wurden in Berlin multilaterale Verhandlungen abgehalten, an denen Amerikaner, Engländer, Pakistani, Afghanen und Russen teilnahmen. Deutschland fungierte als Gastgeber, da es der UNO-Gruppe zum Wiederaufbau Afghanistans vorstand. Aber mit welchen Afghanen sollte man sich beraten? Mit der rechtmäßigen Regierung des Präsidenten Rabbani, der zwar international bekannt ist, aber keinen großen Einfluß hat, oder mit dem islamischen Emirat, das von einer mittelalterlichen Sekte, den Taliban, regiert wird? Die Entscheidung fiel zugunsten der letzteren, wobei man allerdings gegen eine Resolution des Sicherheitsrates der Vereinten Nationen verstieß, die es untersagte, sie zu empfangen. Die talibanischen Würdenträger wurden mit rechtsgültigen Visa ausgestattet und profitierten von ihrer Reise nach Deutschland, indem sie in Hamburg predigten und Spenden sammelten.

Die Taliban[1] sind eine geschlossene Bruderschaft, eine sunnitische Sekte, die die Rückkehr zu einem ursprünglichen Islam lehrt. Ihre Würdenträger sind alle kriegsverwundete Veteranen aus dem Kampf gegen die Sowjetunion. Sie anerkennen die Autorität eines ländlichen Mullahs namens Omar, der nie in seinem Leben eine Reise unternommen hat und nicht einmal ein Drittel seines Landes kennt. In dem Chaos, das dem Rückzug der Sowjets folgte, gelang es den Taliban, ihre Trümpfe auszuspielen, indem sie auf die ethnische Solidarität bauten:

1 Ahmed Rashid, *L'Ombre des Talibans,* Autrement, 2001.

wie die meisten Führer des pakistanischen Geheimdienstes (ISI) sind sie Paschtunen.

Mullah Omar ist der selbsternannte Führer der Gläubigen und hat ein Emirat begründet, das nur von Pakistan, Saudiarabien und den Vereinigten Arabischen Emiraten anerkannt wird. Da die Taliban keine internationalen Verbindungen haben, stützen sie sich auf gewisse amerikanische Freunde, mit deren Hilfe sie die Sowjets geschlagen haben. So werden sie bei den Vereinten Nationen von Leila Helms, der Nichte von Richard Helms (von 1966 bis 1973 Direktor des CIA) vertreten. Innenpolitisch haben sie der Bevölkerung eine eiserne Disziplin aufgezwungen und dabei die Frauen diskriminiert sowie gottlose Taten untersagt. Nachdem sie lange Zeit den Anbau von Mohn tolerierten, verboten sie ihn schließlich und beraubten damit einen Teil der Bauern ihrer Grundlagen. Die Sekte hat Osama bin Laden einen ausgedehnten Landstrich zur Verfügung gestellt.

Die diplomatisch unerfahrenen Taliban versuchen, ihre internationale Anerkennung im Tausch gegen die Erlaubnis zur Errichtung der Pipeline auszuhandeln. Als es hiergegen Widerstand gibt, da die UNO eine andere Regierung für Afghanistan anerkennt – die des unzuverlässigen Präsidenten Rabbani – brechen sie die Verhandlungen ab. Nach Aussage des pakistanischen Diplomaten, Niaz Naik, führte dies zu Drohungen der amerikanischen Delegation, die Mitte Juli ankündigte, daß die Differenzen mit Waffengewalt geregelt würden.

Die Vereinigten Staaten sehen die Ablösung der bedeutendsten afghanischen Amtsträger vor, ob es sich nun um Mullah Omar oder um den Kommandanten Massoud (dessen antiamerikanische Einstellung sprichwörtlich ist) handelt, um an ihrer Stelle eine Marionettenregierung einzusetzen. Dies zielt auf eine offenkundige Wiedereinsetzung von Ex-König Zaher Shah hin, dem alten, vergessenen Monarchen, dessen Leben sich im römischen Exil dem Ende zuneigt.

Mitte Juli stimmen die Weltmächte diesem Plan zu. So liest man im Schlußkommuniqué des Treffens zwischen Hubert Védrine (französischer Außenminister) und Francesc Vendrell (Leiter der Spezialmission der Vereinten Nationen für Afghanistan) am 17. Juli 2001: *„Die zwei Verantwortlichen haben gemeinsam die Wege untersucht, die eine vorteilhafte Entwicklung ermöglichen, im speziellen die Ermutigung, daß die Internationale Gemeinschaft die Bemühungen des Königs* [sic] *unterstützen möge, die Repräsentanten der afghanischen Gesellschaft um sich zu vereinen. Sie haben auch die Notwendigkeit betont, den Dialog mit Pakistan zu verstärken. Natürlich müßte auch überlegt werde.n, welche Voraussetzungen für die Wiedererrichtung Afghanistans zu schaffen wären, wenn eines Tages der Konflikt beendet ist* [sic].*"*[1]

Ja, seit dem Monat Juli spricht man vom abgesetzten Zaher Shah wie vom afghanischen König, und man debattiert gleichzeitig über den ‚Konflikt' und den ‚Wiederaufbau' des Landes!

Die Unterhandlungen gehen weiter, erst in London, dann in Genf unter dem Deckmantel des Business Humanitarian Forum[2] [sic] – dessen Budget durch den Ölkonzern UNOCAL reichlich aufgestockt wurde –, aber mit verschiedenen Inhalten und Teilnehmern (darunter den Japanern, die sich viel von den Öllagern im Kaspischen

---

1 Presseerklärung vom 17. Juli 2001 durch den Sprecher des französischen Außenministeriums. Abrufbar unter: http://www.diplomatie.gouv.fr/actual/declarations/pp/20010710.html

2 Offizielle Internetseite von Business Humatarian Forum. Abrufbar unter: http://www.bhforum.org

Meer erhoffen). Wie es die Herren Védrine und Vendrell voraussahen, bereitet man sich nicht auf den Frieden, sondern auf den Krieg und den Wiederaufbau vor. Pakisten, das einen zu starken anglo-amerikanischen Druck fürchtet, sucht vor Ausbruch des Sturmes neue Verbündete. Es lädt eine chinesische Delegation nach Islamabad ein und verspricht ihr als Gegenleistung für militärische Unterstützung, China einen Weg zum Indischen Ozean zu öffnen. Irritiert entscheiden sich die Anglo-Amerikaner, den Angriff rascher als vorgesehen durchzuführen, auf jeden Fall noch bevor die Chinesen das Große Spiel[1] stören könnten. Der Golf von Oman ist die Bühne für den größten britischen Flottenaufmarsch seit dem Krieg um die Falkland-Inseln, während die NATO 40 000 Mann in Ägypten auf den Weg bringt. Am 9. September wird der charismatische Führer der Islamischen Front, der stark antiamerikanisch eingestellte Kommandant Massoud ermordet.[2] Die Attentate vom 11. September erlauben es dann, das, was lediglich eine klassische Kolonialexpedition ist, als rechtmäßige Operation darzustellen.

Die Operation wurde „Unendliche Gerechtigkeit" (wörtlich: „grenzenlose Gerechtigkeit" oder „endlose Gerechtigkeit") genannt, aber die Resonanz in der moslemischen Welt war erbärmlich. Man nannte sie daher „Enduring

1 Nicht ausgestrahltes Fernsehinterview mit Niaz Naik von Benoiît Califano, Pierre Trouillet und Guilhem Rondot (Co. Produktion ITV – Dokumenta, Oktober 2001).

2 Die Ermordung von Shah Massoud wurde einige Tage geheim gehalten und erst nach den Attentaten auf die Vereinigten Staaten bekannt gegeben. Auch sie wurde dem Umfeld Osama bin Ladens zugeschrieben, jedoch stimmt die aktuelle Version seines Todes überhaupt nicht mit den von der französischen Journalistin Françoise Causse schnell zusammengetragenen Zeugenaussagen überein. Zum gegenwärtigen Zeitpunkt schreibt das Umfeld von Shah Massoud den Mord vielmehr dem pakistanischen Geheimdienst zu.

Freedom“ (Unbegrenzte Freiheit)[1] Sie wurde von einer diplomatischen anlaßbezogenen Allianz, dem Globalen Bündnis, unterstützt, das einhundertfünfunddreißig Staaten umfaßt,[2] und das der USA seinen militärischen Beistand anbot.[3] Die Amerikaner erinnerten sich an den schleichenden Untergang der Sowjets bei den Kämpfen im ersten Afghanistankrieg (1979–1989) und sahen daher davon ab, GI's in diese Gegend zu schicken. Sie zogen es stattdessen vor, sich Kriegschefs zu kaufen und sie an ihrer Stelle in den Kampf gegen die Taliban zu schicken. Diese Methode setzt natürlich voraus, die rivalisierenden Parteien unter Mißachtung des Embargos der Vereinten Nationen zu bewaffnen. Vor dem drohenden Wechsel der Machtverhältnisse rüstet Rußland massiv die Islamische Front des charismatischen Feuerkopfs Massoud auf, während der Iran die schiitischen Hazaris bewaffnet. Die US Air Force begnügt sich mit gezielten Bombardements, um die anti-talibanischen Kräfte zu unterstützen, und sie gelegentlich auch zu zügeln. Tatsächlich stehen die Kriegsziele der Kämpfer der verschiedenen Par-

1 Die besten Zusammenfassungen über die „Unbegrenzte Freiheit" stellen die Studien des Britischen Parlaments dar: 11. September 2001, the *Response* (Research Paper 01/72, 3. Oktober 2001), *Operation Enduring Freedom and the Conflict in Afghanistan, an Update* (Research Paper 01/81, 31. Oktober 2001) und *The Campaing Against International Terrorism, Prospects After the Fall of the Taliban* (Research Paper 01/112). Abrufbar unter: http://www.parliament.uk/commons/lib/research/rp2001/rp01-072.pdf Auch: http://www.parliament.uk/commons/lib/research/rp2001/rp01-081.pdf Auch: http://www.parliament.uk/commons/lib/research/rp2001/rp01-112.pdf

2 Eine nach den einzeln beteiligten Staaten aufgegliederte Analyse gibt das Congressional Research Service, *Operation Enduring Freedom: Foreign Pledges of Military & Intelligence Support* (The Library of Congress, 17. Oktober 2001.Abrufbar unter: http://www.fpc.gov/CRS_REPS/ crsfree.pdf

3 *The Global War on Terorism, The First 100 Days,* offizielles Dokument des Coalition Information Centers. Abrufbar unter: http://www.whitehouse.gov/news/releases/2001/12/100dayreport.pdf

teien weder in einem Zusammenhang mit den Ankündigungen des Globalen Bündnisses, (nämlich Osama bin Laden festzunehmen), noch mit den offiziösen Ambitionen der Erdölgesellschaften.

Die Anglo-Amerikaner ändern dann ihre Taktik. Sie kehren zum traditionellen Bombenteppich zurück, mit dem sie die lästigen Gegner zudecken. Die Taliban sind nicht in der Lage, ihre Diktatur auf ihrem Territorium aufrecht zu erhalten und sind bald in isolierte Gruppen zersplittert. Gleichzeitig durchbricht die Islamische Front – für die Zwecke des internationalen Bündnisses in „Nordallianz" umbenannt – die unorganisierten Frontlinien der Taliban.

Die US Air Force stürzt sich nun auf die Flüchtenden. Die Taliban versuchen, sich in Kandahar wieder zu sammeln, während die Sieger verschiedene Massaker begehen, besonders unter dem Kommando von General Dostum in Maza-i-Sharif. Schließlich graben sich ein- bis zweitausend Fanatiker, Taliban und Al-Qaida-Mitglieder, unter Stahlgewittern in den Tora-Bora-Bergen ein und verhandeln dann über ihren freien Abzug zu ihren pakistanischen Freunde. Insgesamt flog die anglo-amerikanische Luftwaffe viertausendsiebhundert Angriffe, bei denen sie zwölf Millionen Bomben abwarf, die mehr als zehntausend Kämpfer[1] und als ‚Kollateralschaden' mindestens eintausend Zivilisten[2] töteten. Die militärische Eskala-

1 AFP Depesche vom 6. Dezember 2001.

2 *Operation Enduring Freedom: Why a Higher Rate of Civilian Bombing Casualties,* Projekt on Defense Alternitives, Briefing Report 11 (18. Jan. 2002). *US Silence and Power of Weaponry Conceal Scale of Civilian Toll,* in: *Sydney Morning Herald,* 26. Januar 2002. Abrufbar unter: http://www.smh.comau Siehe auch: Jan Traynor, *Afghans Are Still Dying as Air Strikes Go On, But No One ist Counting,* in *The Guardian.* Abrufbar unter: http://www.guardian.co.uk Siehe auch: John Donnelly

tion bewog die US Air Force dazu, die Theorie der ‚chirurgischen Schläge' aufzugeben und schwere Zerstörungswaffen, die BLU-82 Bomben, (genannt Margariten-Mähmaschinen)[1],einzusetzen, um die letzten in den Bergen zerstreuten Kämpfer auszuschalten. Der Krieg endet mit der Resolution 1378[2] des Sicherheitsrates der Vereinten Nationen. Diese legt den Rahmen für die Bonner Konferenz[3] fest, auf der sich die verschiedenen afghanischen Parteien über eine neue Regierung verständigen.[4] Der ‚Runde Tisch' setzt eine provisorische Regierung mit dem Wunschpräsidenten, dem Ex-König Zaher Shah, ein. Wie vorhergesehen, verzichtet dieser und Hamid Karzai wird Premierminister. Während des Krieges gegen die Sowjetunion war er dem CIA-Direktor William Casey eng verbunden. Danach emigierte er in die USA, wo er zum Freund der Familie Bush wurde und eine Anstellung in einer Filiale von UNOCAL erhielt.[5] General Abdel Rachid Dostum, der für seine im Laufe von zwanzig Jahren begangenen Grausamkeiten den Beinamen

und Anthony Shadid, *Civilian Toll in US Raids Put at 1,000'* in *Boston Globe*, 17. Februar 2002. Abrufbar unter: http://www.boston.com/globe

1 Die BLU-82 wurden ursprünglich nicht für den Kampf, sondern für den Geländeeinsatz vorgesehen, da die Verwüstungen, die sie anrichten, unbedeutend und nicht zielgerichtet sind. Sie dienten in Vietnam zum Abholzen des Dschungels und zur Schaffung von Hubschrauberlandeplätzen.

2 Resolution 1378 des Sicherheitsrates. Abrufbar unter: http://www. un.org/french/docs/sc/2001/res1378.pdf

3 Offizielle Seite der Bonner Konferenz. Abrufbar unter: http://www.uno.de/frieden/aqfghanistan/talks.htm

4 Carl Conetta, *Strange Victory: A Critical Appraisal of Operation Enduring Freedom and the Afghanistan War,* Project on Defense Alternatives, Monograph 6 (30.Januar 2002). Abrufbar unter: http://www.comw.org/pda/0201strangevic.html

5 Wayne Madsen, *Afghanistan, the Taliban and the Bush Oil Team,* in *Democrats.Com* vom 23. Januar 2002. Abrufbar unter: http://www.democrats.com

Gengis Khan erhielt, schloß sich rechtzeitig dem Globalen Bündnis an. Das erwies sich für ihn als sehr vorteilhaft: Er wurde nicht für seine Kriegsverbrechen verfolgt, sondern in die neue Regierung integriert. Dieses Vorgehen wurde durch die Resolution 1383[1] des Sicherheitsrates am 5. Dezember 2001 abgesegnet. Hunderttausende von Afghahnen, die aus ihrem Land flohen, um dem Bombardement zu entgehen, kehren zurück.

Die Operation „Unbegrenzte Freiheit" wurde dem Nationalen Sicherheitsausschuß von Zalmay Khalilzad[2] vorgeschlagen. Als Sohn eines Ratgebers von Ex-König Zaher Shah studierte er in Amerika an der Universität von Chicago. Während des Krieges gegen die Sowjetunion kämpft er in seinem Vaterland an der Seite des CIA. Er wird dann amerikanischer Staatsbürger und Mitglied des Verteidigungsrates unter Ronald Reagan. Unter Präsident George Bush sen. wird er zum Unterstaatssekretär im Verteidungsministerium berufen und spielt eine Schlüsselrolle in der Operation „Wüstensturm" gegen den Irak. Während der Ära Clinton arbeitet er für die Rand Corporation und für UNOCAL. Da die Geschäfte mit den Taliban gut gehen, übernimmt er deren Rechtfertigung in der Washington Post indem er schreibt, daß sie *"nicht diesen Antiamerikanismus praktizieren, zu dem sich die iranischen Fundamentalisten bekennen."* Als die Ölgeschäfte einbrechen, ändert er seinen Standpunkt und wird nach dem 11. September Berater der Regierung Bush.[3] Zu Beginn des Krieges wird er zum Sonderbeauf-

---

1 Resolution 1383 des Sicherheitsrates. Abrufbar unter: http://www.un.org/french/docs/sc/2001/res1383f.pdf

2 Pepe Escobar, *The Roving Eye, Pipelineistan,* 2-teilige Untersuchung, in *Asia Times*, 25./26. Januar 2002. Abrufbar unter: http://atimes.com

3 Sein Porträt in: Jacob Weisberg, *Bush's Favorite Afghan*, in: *State*, 5. Oktober 2001. Abrufbar unter: http://slate.msm.com
Siehe auch: Kim Sengupta & Andrew Gumbel, *New US Envoy to Ka-*

tragen für Afghanistan ernannt. Er soll den Bau der so begehrten Pipeline überwachen. Die internationale Presse wird eingeladen, die Hinterlassenschaften von Einrichtungen der Taliban und Al-Queada zu besichtigen. Sie entdeckt baufällige Gemäuer, in denen sich Waffen häufen, die noch aus dem Krieg gegen die Sowjetunion stammen. Aber kein einziger Journalist entdeckt Produktionsstätten für chemische oder bakteriologische Waffen, ganz zu schweigen von Anlagen zum Bau von Atomwaffen und noch weniger von Satellitenabschußrampen, wie sie Donald Rumsfeld angekündigt hatte.

Die gemäß ihrer Selbsteinschätzung größte Armee der Welt findet den erklärten Staatsfeind Nr. 1 nicht, zu dessen Ergreifung sie ins Land kam, während Mullah Omar mit dem Moped nach Pakistan flüchtet.

Die Unternehmungen gehen weiter. Der Mohnanbau kann endlich für den nordamerikanischen Markt neu erblühen.[1] Und am 9. Februar 2002 schließen Hamid Karzai und sein pakistanischer Kollege, General Musharraf, einen Vertrag über den Bau einer zentralasiatischen Pipe-line ab.[2]

---

bul Lobbied for Taliban Oil Rights, in *The Independent*, 10. Januar 2002. Abrufbar unter: http://www.independent.co.uk
Dazu lese man aufmerksam die Schriften von Zalmay Khalilzad: *Speech before the Los Angeles World Affairs Council* vom 9. März 2000. Abrufbar unter: http://www.lawac.org/speech/khalilzad.html
Siehe auch den gemeinsam mit Daniel Byrman verfaßten Artikel, *Afghanistan: The Consolidation of a Rogue State*, in *The Washington Quarterly* (Winter 2000).

1 Richard Lloyd Parry, *Opium Farmers Rejoice at Defeat of the Taliban*, in *The Independent*, 21. November 2001. Abrufbar unter: http://www.independent.co.uk Siehe auch: Paul Harris, *Victorious Warlords Set to Open the Opium*, in *The Observer*, 25. November 2001. Gleiche URL wie den *Guardian*: http://www.guardian.co.uk

2 *Musharraf, Karzai Agree Major Oil Pipeline in Co-Operation Pact*, in *Irish Times*, 9. Februar 2002, http://ireland.com

Kapitel 3

Geheime Operationen

In dem von Leonard Wong für das Institut für strategische Studien der US-Armee verfaßten Artikel *Wie kann man die öffentliche Unterstützung für militärische Operationen aufrecht erhalten*[1] heißt es: *„Die öffentliche Unterstützung für eine Militäroperation ist in gewisser Weise derjenigen vergleichbar, die dem Angriff auf Pearl Harbour folgte. Die Amerikaner bekräftigen heute, daß ihrer Meinung nach Militäraktionen gutzuheißen sind, daß sie einen längeren Krieg unterstützen, und daß sie auch den Willen haben, die negativen Konsequenzen eines Krieges zu ertragen. Trotz günstiger Umfrageergebnisse können die Amerikaner aber plötzlich ihre Meinung ändern (...). In dem Maße, in dem sie zu ihrem normalen Leben zurückehren, läßt ihre Unterstützung einer Militäraktion nach, es sei denn, die Militärs können konstante Fortschritte im Krieg gegen den Terrorismus vorzeigen und somit die Verbindung der Nation mit den Streikräften aufrecht erhalten und die innere Sicherheit auf*

1 Leonard Wong, *Maintaining Public Support for Military Operations*, in *Defeating Terrorism, Strategic Issues Analysis*, Strategic Studies Institut. Abrufbar unter: http://carlisle-www.army.mil/usassi/public.pdf

wirksame Weise, wenn auch weithin unsichtbar gewährleisten." Mit anderen Worten, die öffentliche Meinung unterstützt massiv die amerikanische Politik des Krieges gegen den Terrorismus, solange sich die ganze Angelegenheit im Schwebezustand befindet.

Die Operation „Unbegrenzte Freiheit“ begann am 7. Oktober 2001. Der Waffenlärm entfernt sich nach Zentralasien. Angesichts des Kräfteverhältnisses steht der Sieg der Koalition schon vor dem ersten Schuß fest. Die Aufmerksamkeit der amerikanischen Öffentlichkeit beginnt zu schwinden. Tatsächlich ist nach dem Angriff auf die Schlupfwinkel der Al-Qaida und nach der vom Fernsehen ausgestrahlten ‚Drohung‘ Osama bin Ladens gegen Amerika keine einzige terroristische Aktion durch die nach Amerika eingeschleusten ‚Schläfer‘ mehr festzustellen. Man wird folglich nicht umhin können, diese Drohung anzuzweifeln. Oder glauben Sie, daß sie eintritt?

Am 12. Oktober verbreiten die Presseagenturen alarmierende Nachrichten. Journalisten und Parlamentarier hätten mit Anthrax vergiftete Briefe erhalten. Insgesamt werden fünf kontaminierte Briefe an den *National Enquirer*, an die *NBC*, an die *New York Post* und an die Büros der Senatoren Daschle und Leahy versandt. Sie verursachen fünf Opfer. Das tägliche Leben in Amerika kommt zum Stillstand. Ohne Handschuhe und Atemschutz kann niemand mehr seine Post öffnen. In den Läden sind keine Gasmasken und Überlebenspakete mehr zu haben. Das gesamte Postsystem ist lahmgelegt. Die Psychose greift auf die verbündeten Länder über. In ganz Europa entdeckt man Briefe mit dem ominösen weißen Pulver: Al-Qaida hat sich anscheinend entschlossen, den Angriff fortzusetzen und dabei biologische und chemische Waffen zu verwenden, die man mit technischer Hilfe von Saddam Hussein angesammelt hat. Die Vereinigten Staaten und ihre Verbündeten entschließen sich, Impfstofflager gegen Anthrax anzulegen. Sie treiben die pharmazeutische Industrie zur Herstellung von Millionen von Impfstoffeinheiten an. Und dann passiert nichts! Ausgenommen von fünf Briefen war das Ganze nichts anderes als ein Pennälerscherz und kollektive Hysterie.

Es bleibt nur die Tatsache, daß die fünf Briefe eine militärspezifische Form von Anthrax enthielten, die in den Laboratorien der amerikanischen Streitkräfte hergestellt wurde. Es war demnach eine innere Bedrohung. Barbara Hatch Rosenberg von der Federation of American Scientists führt an, daß nur ungefähr fünfzig leicht zu identifizierende Forscher in der Lage seien, einen solchen Bakterienstamm zu entwickeln und ihn auch zu verwenden.[1] Ein Ende September – also noch bevor die Presse über die Anthrax-Attacken informiert war – an die Militärbasis von Quantico gerichteter anonymer Brief deckt die Handlungen eines ehemaligen Forschers von US AMRID, Dr. Assad, auf. Das FBI gebärdet sich wieder einmal wild und bringt nichts ans Tageslicht.

Sobald die Panik und die Blitzkriegsoperation „Unbegrenzte Freiheit" vorüber sind, glaubt die Öffentlichkeit, zur Tagesordnung übergehen zu können. Das Verteidigungsministerium ist jedoch bemüht, die Drohung aufrechtzuerhalten. Mit schockierenden Bildern wird gezeigt, wie die *„besonders gefährlichen Terroristen"* in der Militärbasis von Guantanamo auf Kuba inhaftiert werden. Sie werden auf dem Luftweg von Afghanistan her-

---

1 Barbara Hatch Rosenberg, *Is the FBI Dragging Its Feet?* Federation of American Scientists, 5. Februar 2002. Abrufbar unter: http://www.fas.org/bwc/anthraxreport.htm

2 Zu dieser Polemik: Jennifer Elsea, *Trying Terrorists as War Criminals*, Congressional Research Service, The Library of Congress, 29. Okto-

gebracht, nachdem man sie betäubt und an ihre Sitze gefesselt hat. Am Zielort werden ihre Sinnesorgane ausgeschaltet. Augen und Ohren werden ihnen verbunden und die Nase verstopft. Die Juristen des Verteidigungsministeriums[2] erklären ohne mit der Wimper zu zucken, daß nur staatliche Gesetze die Folter verbieten, aber diese nicht in Guantanamo[1] gelten, das außerhalb der amerikanischen Territoriums liegt. Über die amerikanische Verfassung wird dabei kein Wort verloren. Der französische General Paul Aussaresses, der für die organisierte Folter in Algerien verantwortlich wa, und der später seine morbiden Vorstellungen den amerikanischen Spezialkräften vermittelte, räsonniert im Fernsehen über die Nützlichkeit der Folter.[2] Die Internationale Gemeinschaft gerät in Aufruhr. Mary Robinson, Hochkommissarin für Menschenrechte der Vereinten Nationen (und ehemalige Präsidentin von Irland) beschwert sich öffentlich und ruft die amerikanische Regierung zur Ordnung[3]: Den festgehaltenen Personen stehe nach der Genfer Konvention der Status von Kriegsgefangenen zu. Sie müßten menschlich behandelt werden und ihr Prozeß habe gerecht zu sein.

ber 2001. Abrufbar unter: http://www.fpc.gov/CRS_REPS/trying%20terrorist.pdf

1 Die Basis von Guantanamo wurde seitens des nach dem Ende des spanischen-amerikanischen Krieges unabhängigen Kuba den Vereinigten Staaten für 99 Jahre zugestanden. Der Pachtvertrag wurde nach seinem Ablauf von Fidel Castro nicht erneuert. Die Vereinigten Staaten zogen sich dennoch nicht aus Guantanamo zurück und besetzen es seither illegal. Nach internationalem Recht gehört das Gelände der Basis zu Kuba zu, aber die kubanische Regierung kann hier ihre Autorität nicht ausüben.

2 Pierre Abramovici, *L'autre sale guerre d'Aussaresses*, in *Le Point*, 15. Juni 2001; César Chelala, *The French Connection in the Export of Torture*, in *The International Herald Tribune*, 22. Juni 2001.

3 Erklärung der Hochkommissarin für Menschenrechte über die Haltung der Taliban-und Al-Qaida-Gefangenen in Guantanamo, Vereinte Nationen, 16. Januar 2002 (Dokument HR/02/4).

*

* *

Während die öffentliche Meinung sich erregt und leidenschaftlicher wird, gerät der *„Krieg gegen den Terrorismus"* in den Schatten. Der Terrorismus stellt ja weder einen Staat noch eine Organisation oder eine Doktrin, sondern eine Handlungsweise dar. Sie kann von Regierungen ausgeübt werden (die Diktatur von Robespierre 1793 wurde „der Terror" genannt), wie sie auch von oppositionellen Minderheiten angewandt werden kann. Der Terrorismus ließe sich gelegentlich sogar rechtfertigen. So unternahm die französische Widerstandsbewegung während des 2. Weltkrieges militärische und zivile Terrorakte gegen Kollaborateure und Besatzungskräfte. Der Ausdruck *„Krieg gegen den Terrorismus"* hat an sich nicht mehr Sinngehalt als der Ausdruck *„Krieg gegen den Krieg"*.

Es trifft zu, daß George W. Bush über eine sehr beschränkte Sichtweise des Terrorismus verfügt. So bezeichnet er die Aktionen der Todesschwadronen in Nicaragua nicht als terroristisch und nominiert sogar ihren ehemaligen Beschützer, John Negroponte, zum UNO-Gesandten der Vereinigten Staaten.[1] Für ihn scheint sich Terrorismus in einer seit der Auflösung der UdSSR unipolaren Welt in jeder gewalttätigen Form der Nichtanerkennung der amerikanischen Vorherrschaft auszudrücken.

Nachdem Bob Woodward[2] (einer der zwei Journalisten, die die Watergate-Affäre aufdeckten) die Sitzungsunterla-

1 Jean-Guy Allard, *Negroponte entre à l'ONU sur une vote unanime du Sénat*, Gramma International, Oktober 2001.
2 Bob Woodward und Dan Balz, *Saturday, September 15, At Camp*

gen studiert hatte und sich darüber hinaus auf die vertraulichen Mitteilungen einiger Teilnehmer berufen konnte, beschrieb er in der *Washington Post* sehr genau die Zusammenkunft des Kabinetts Bush, in deren Verlauf der CIA unbegrenzte Vollmachten zum Führen eines *„Geheimen Krieges gegen den Terrorismus"* erhielt. Dies geschah am 15. September 2001 während eines Regierungsseminars in Camp David.

Die Sitzung begann natürlich mit einem Gebet, das George W. Bush sprach und in dem er jedermann aufforderte, der Reihe nach weiterzubeten. Dann unterrichteten der Sekretär im Finanzministerium und der Staatsekretär über ihre jeweiligen Unternehmungen. Der CIA-Direktor George Tenet präsentierte dann zwei Projekte, die er mit besonders sorgfältig ausgewählten Dokumenten unterstützte. Das erste hieß *„Eröffnungsschlag: Al-Qaida zerstören und das* [afghanische] *Heiligtum verschließen"*. Tenet beschrieb die Notwendigkeit geheimer Aktionen gegen Al-Qaida nicht nur in Afghanistan, sondern auf der ganzen Welt, bei Bedarf auch in Zusammenarbeit mit nicht demokratisch geführten Ländern. Nachdem er die allgemeine Zustimmung erhalten hatte, forderte er die unverzichtbaren Vollmachten an. *„Tenet verlangte eine Generalvollmacht, damit der CIA alle notwendigen geheimen Operationen führen könne, ohne für jede Teilmaßnahme eine förmliche Genehmigung einholen zu müssen. Tenet versicherte, daß er eine neue Vollmacht benötige, um uneingeschränkte Handlungsfreiheit zu haben, und daß er eine Ermutigung des Präsidenten erwarte, um die Risiken auf sich zu nehmen. Er hatte einen Entwurf für ein Dekret des Präsidenten dabei, das den CIA ermächtigte, alle Mittel geheimer Operationen, einschließlich von Mordanschlägen, einzusetzen (...). Ein anderer Vorschlag ging dahin,*

David, Advise and Dissent, in *Washington Post*, 31. Januar 2002. Abrufbar unter: http://www.washingtonpost.com

daß der CIA seine Verbindungen mit wichtigen ausländischen Geheimdiensten ausbauen solle. Tenet hoffte sich der Hilfe jener Dienste durch ein Budget von hunderten Millionen Dollar versichern zu können, die ihm zur Verfügung stehen sollten. Diese Geheimdienste unterstützend einsetzen zu können, würde die Wirksamkeit des CIA verdrei- oder vervierfachen. Wie viele Dinge in der Welt der Geheimdienste würden auch diese Arrangements nicht ohne Risiken sein: Sie brächten die Vereinigten Staaten mit zweifelhaften Agenturen in Verbindung, von denen einige hinsichtlich der Wahrung der Menschenrechte eine erschreckende Bilanz aufzuweisen hätten. Einige dieser Dienste seien für ihre Brutalität und für ihre Foltermethoden zur Erpressung von Geständnissen bekannt."

Diese Versammlung ging auf wenig zimperliche Art weiter, als Tenet seine Strategie in Afghanistan erklärte. Danach legte er das zweite Dokument mit dem Titel *Matrix eines weltweiten Angriffs* vor. *„Er beschrieb die geheimen Operationen in achtzig Staaten, die bereits im Gange waren oder deren Beginn er empfahl. Die Aktionen sollten von der routinemäßigen Propaganda bis zum Mord als Vorbereitung militärischer Angriffe reichen."* Rumsfeld stimmte begeistert zu, wobei er die traditionellen Rivalitäten zwischen dem CIA und dem Pentagon hintansetzte. *„Als der Direktor des* CIA *seine Präsentation beendet hatte, ließ Bush keinen Zweifel darüber aufkommen, wie er darüber dachte, und rief mit Enthusiasmus aus: Gute Arbeit!"*

Dieser geheime Krieg hat begonnen. Im Verborgenen hat der CIA bereits auf der ganzen Welt einige Gegner der Politik von George W. Bush eliminiert. Der Journalist Wayne Madsen hat vier berühmte Opfer benannt.[1]

1 Wayne Madsen, *J'Accuse – Bush's Death Squads,* in *Making News,* 31. Januar 2002.

– Am 11. November 2001 wurde der Führer von Westpapua, Theys Eluay, von einer Spezialeinheit der indonesischen Armee, der KOPASSUS, beseitigt. Diese Einheit, die in die Massaker von Osttimor verwickelt war, wurde vom amerikanischen *stay-behind* aufgestellt und ist mit CIA-Kadern besetzt worden. Theys Eluay kämpfte für die Unabhängigkeit seines Landes und stellte sich gegen die Ausbeutung der Kohlevorkommen durch Freeport McMoran, ein Unternehmen aus Louisiana, dessen einstiger Direktor Henry Kissinger ist.

– Am 23. Dezember 2001 wurde der Justizminister von Nigeria, Häuptling Bola Ige, von einem unbekannten Kommando in seinem Zimmer ermordet. Er war der unterlegene Präsidentschaftskandidat der Allianz Pan-Yourba für Demokratie und bekämpfte die Chevron (deren Direktorin Condoleezza Rice war) und ExxonMobil zugestandenen Privilegien.[1]

– Im Januar 2002 richtete der Gouverneur der Provinz Aceh ein Schreiben an den Führer der Befreiungsbewegung von Aceh, Abdullah Syaffi, in dem er ihm vorschlug, an Friedensverhandlungen teilzunehmen. Syaffi forderte nicht nur die Unabhängigkeit, sondern stellte sich auch gegen die Erdölbohrungen von ExxonMobil. Als Mitglied der UNPO in den Niederlanden trat er für Gewaltlosigkeit ein und war im Busch untergetaucht. Der Brief enthielt eine Wanze, die es den Satelliten der National Security Agency (NSA) ermöglichte, ihn aufzuspüren. Syaffi wurde am 22. Januar von einem KOPASSUS-Kommando ermordet.

---

1 *Death of a Patriot,* in *Newswatch*, 30. Dezember 2001. Abrufbar unter: http://www.newswatchngr.com

– Der Führer der extremen Rechten und Chef der christlichen Milizen im Libanon, Elie Hobeika, wurde mit seinen Leibwachen am 24. Januar bei einem Attentat durch eine Autobombe getötet. Hobeika, der der Hauptverantwortliche für das Massaker von Sabra und Chatila (1982) war, hatte sich gegen Israel gestellt und beabsichtigte als Zeuge im Prozeß gegen Ariel Sharon aufzutreten, der gegen diesen in Belgien wegen Vergehen gegen die Menschenrechte stattfinden sollte. Die Operation soll gemeinsam von CIA und Mossad durchgeführt worden sein.[1]

Hieß es nicht einmal, einen *„Kampf gegen den Terrorismus"* zu führen?

*

* *

Am 15. Februar veröffentlicht die *Washington Post* eine lange Abhandlung von Dr. Henry Kissinger[2]. Der Inspirator der amerikanischen Außenpolitik erläutert die laufenden Debatten in der Hauptstadt. Nach dem Sieg in Afghanistan gäbe es drei Möglichkeiten.

Zum einen, die Arbeit als beendet und als Warnung für jene zu betrachten, die den Taliban nacheifern wollten. Zum zweiten sei Druck auf jene Staaten, die Terroristen unterstützten, auszuüben, wie etwa auf Somalia und den Jemen; oder zum dritten sollte man sich auf Saddam Hussein im Irak konzentrieren, um die Kontinuität der

1 Elie Hobeika, *Le choc d'un assassinat,* und *Détails exclusifs sur l'attentat,* in *Hebdo Magazine*, 22. Februar 2002. Abrufbar unter: http://www.magazine.comb.lb

2 Henry Kissinger, *Phase II and Iraq,* in *Washington Post,* 13. Februar 2002.Abrufbar unter: http://www.washingtonpost.com

amerikanischen Zielsetzung zu verdeutlichen und das regionale Gleichgewicht im Mittleren Orient zu verändern. Und Henry Kissinger favorisiert hier einen entscheidenden Angriff auf den Irak, wobei man einen Truppenaufmarsch mit Unterstützung der Opposition kombinieren könnte.

Nachdem der Versuchsballon ein günstiges Echo fand, geht die Bush-Administration daran, den Vorschlag auszuführen. Am 29. Januar hält der Präsident vor dem Kongreß seinen traditionellen *Bericht über die Lage der Nation*, dieses Mal in Anwesenheit des Premierministers der afghanischen Über-gangsregierung, Hamid Karzai. Er kündigt die neuen Ziele im *„Krieg gegen den Terrorismus"* an:

„Die Vereinigten Staaten verfolgen geduldig und ohne Unterlaß zwei große Ziele.

Erstens müssen wir die Trainingslager schließen, den Plänen der Terroristen entgegenwirken und diese zur Rechenschaft ziehen. Zweitens müssen wir verhindern, daß Terroristen und Länder, die versuchen, sich mit chemischen, biologischen oder nuklearen Waffen aufzurüsten, die Vereinigten Staaten und die Welt bedrohen können.

Unsere Armee hat die Trainingslager der Terroristen in Afghanistan vernichtet, aber andere bestehen in mindestens zwölf Ländern weiter. Eine Welt verborgener Terroristen, die sich aus Gruppen wie der Hamaz, der Hisbollah, dem islamischen Jihad und der Jaish-i-Mohammed zusammensetzt, operiert in Dschungeln und entlegenen Wüsten und versteckt sich auch inmitten der großen Städte.

(...) Unser zweites Ziel besteht darin, jene Regierungen zu bekämpfen, die den Terrorismus unterstützen und die USA und ihre Freunde durch massive Zerstörungswaffen bedrohen.

Einige dieser Regierungen verhalten sich seit dem 11. September ruhig. Aber wir kennen ihren wahren Charakter. Nordkorea hat eine Regierung, die sich mit Raketen und schweren

Zerstörungswaffen ausstattet, während ihre Bevölkerung hungert. Der Iran bemüht sich sehr, solche Waffen zu produzieren und sie dem Terrorismus zu Verfügung zu stellen, während eine nicht gewählte Minderheit die Hoffnung des iranischen Volkes auf Freiheit erstickt. Der Irak fährt fort, seine Feindseligkeit gegen die Vereinigten Staaten zur Schau zu tragen und den Terrorismus zu unterstützen. Die irakische Regierung versucht seit zehn Jahren, den Kohlebazillus, neurotoxische Gase und Nuklearwaffen fertigzustellen. Es ist eine Regierung, die bereits Erstickungsgase eingesetzt hat, um Tausende ihrer eigenen Bürger zu töten, und die dabei die Leichen der Mütter auf ihren Kindern liegenließ. Es ist eine Regierung, die zuerst internationale Beobachter zugelassen, sie aber später wieder ausgewiesesn hat. Es ist eine Regierung, die Dinge vor der zivilisierten Welt zu verstecken hat.

Diese Staaten bilden zusammen mit ihren terroristischen Verbündeten eine Achse des Bösen und sie bewaffnen sich, um den Weltfrieden zu bedrohen."

*

* *

Für die Alliierten der Vereinigten Staaten ist dieser Druck indessen zu stark. Fünf Monate zuvor haben sie die Kröte schweigend geschluckt. Während der Trauerzeit nach dem 11. September ist auch nicht die leiseste Kritik an den amerikanischen Konsequenzen möglich. Und gerade die USA haben sich sehr bemüht, diese Trauer bei ihren Alliierten auf mannigfaltige Zermonien und Fernsehshows zu verlängern.

Dennoch wagt am 6. Februar der französische Außenminister Hubert Védrine den ersten Schritt.[1] Mit Billi-

1 Gespräch von Hubert Védrine mit *France-Inter – Questions Directe,* 6. Februar 2002. Abrufbar unter: http://www.diplomatie.fr

gung des Premierministers und des Staatspräsidenten erklärt er im Sender *France-Inter*:

„Wir sind Alliierte der Vereinigten Staaten, wir sind Freunde dieses Volkes. Wir haben in der Tragödie des 11. September im Angesicht dieses terroristischen Angriffs eine treue und tiefe Solidarität gezeigt. Wie viele andere Regierungen haben wir uns im Kampf gegen den Terrorismus engagiert. Dies nicht nur aus Solidarität mit dem amerikanischen Volk, sondern auch aus logischen Gründen, denn wir müssen das Schlechte ausrotten. Man muß dabei an die Wurzeln gehen. Aber wir werden heute von einer neuen vereinfachten Sicht bedroht, die alle Probleme der Welt ausschließlich auf den Kampf gegen den Terrorismus reduziert. Das ist nicht seriös.

(...) Man kann nicht alle Probleme der Welt auf den Kampf gegen den Terrorismus zurückführen – selbst, wenn es unerläßlich ist, gegen den Terrorismus zu kämpfen – und sie allein durch militärische Mittel lösen. Man muß ihre Wurzeln behandeln. Man muß die Probleme der Armut, der Ungerechtigkeit, der Erniedrigungen etc. lösen.

(...) Europa muß Europa bleiben. Wenn wir mit der amerikanischen Politik nicht einverstanden sind, müssen wir das sagen. Wir können es sagen, und wir müssen es sagen (...) Ein Freund des amerikanischen Volkes zu sein, mit dem wir im Nordatlantikpakt verbunden sind, bedeutet nicht, blind zu gehorchen. Das soll aber nicht heißen, daß wir all das, was notwendig ist, in Frage stellen (...) Man wird sich mit den Vereinigten Staaten in aller Freundschaft unterhalten müssen. Wir verlangen ja nicht, daß die Vereinigten Staaten zuhause bleiben, im Gegenteil. Wir wünschen, daß sich die Vereinigten Staaten auf der Welt engagieren, denn es gibt kein ernstes Problem auf der Welt, das man ohne sie lösen könnte. Wir bitten sie, daß sie sich engagieren, aber daß sie dies auf der Grundlage der Gegenseitigkeit und der Partnerschaft tun, und daß man mit ihnen reden kann. Wenn wir ein wenig lauter werden müssen, um gehört zu werden, so wird dies geschehen."

In Washington nimmt Colin Powell diese Vorschläge des französischen Ministers herablassend auf und spottet über *„diese Pariser Intellektuellen mit ihren Grillen"*.

Zwei Tage später nutzt Premierminister Lionel Jospin den Anlaß einer Versammlung der Parlamentspräsidenten der Europäischen Union, um vor einem internationalen Auditorium den französischen Standpunkt zu vertiefen.[1]

„Am Tag nach den Attentaten des 11. September haben wir eine uneingeschränkte Solidarität mit den Vereinigten Staaten gezeigt und Seite an Seite mit ihnen die erforderlichen Antworten auf diese Aggression gegeben. Diese gemeinsame Aktion gegen den Terrorismus wird mit Bestimmtheit weitergeführt werden. Aber das heißt auf keinen Fall, daß wir nicht klar überlegen müssen, welche Konsequenzen aus den Ereignissen des 11. September zu ziehen sind. Man kann nicht die Probleme der Welt einzig und allein auf den Kampf gegen den Terrorismus reduzieren – auch wenn dieser eine unabweisliche Notwendigkeit ist –, und sie auch nicht einzig und allein mit militärischen Mitteln lösen.

Unsere Vorstellung der Welt ist die einer internationalen, ausgewogeneren Gemeinschaft, eine viel sicherere und viel gerechtere Welt. Diese Konzeption beruht auf dem multilateralen Markt. Sie ist in jeder Hinsicht auf Kooperation ausgerichtet, die es den Mitgliedern der internationalen Gemeinschaft erlaubt, sich gemeinsam den Grundproblemen zuzuwenden, denn keines von ihnen kann erwarten, diese allein zu bewältigen (...). Wir wünschen, daß die Vereinigten Staaten nicht der starken Verlockung eines Unilateralismus erliegen, sondern sich wieder mit uns auf diesen Weg begeben, denn ohne sie werden die neuen Gleich-

1 *Ansprache des Premierministers vor der Konferenz der Parlamentspräsidenten der Europäischen Union gegen die Geldwäsche*, Assemblée nationale, 8. Februar 2002. Abrufbar unter: http://www.premier-ministre.gouv.fr

gewichte, die wir anstreben, wesentlich schwerer zu erreichen sein. Wir selbst werden mit unserer Arbeit fortfahren, um diese Konzepte voranzutreiben."

Der Skeptizismus gewinnt in Europa an Boden. Am nächsten Tag ist es Chris Patten (Europäischer Kommissar für Auswärtige Beziehungen), der das *„Schweigen bricht"*. In einem Gespräch mit dem Guardian unterstreicht er die französische Kritik am *„Absolutismus und an der Simplifizierung"* und ergänzt sie mit süßsauren Bemerkungen über die Notwendigkeit für die Vereinigten Staaten, ihren Alliierten zuzuhören. *"Gulliver kann nicht allein ins Gefecht reiten, und es ist nicht gut, daß wir uns als Liliputaner betrachten, die es nicht wagen, ihre Stimme zu erheben."*[1] Am 10. Februar werden die europäischen Außenminister, die sich in Cuencas (Spanien) treffen, davon angesteckt. Alle stehen geschlossen hinter dem ungewöhnlichen Zweigespann Védrine-Patten.

Anläßlich des NATO-Gipfels in Berlin erobert die Fronde die Allianz. Der kanadische Premierminister, Jan Chrétien, erinnert daran, daß die Resolutionen der UNO und der NATO nur für Afghanistan gelten, und daß er nicht verstehe, warum sich die Vereinigten Staaten einseitig in anderen Konflikten engagieren.[2]

Nähert man sich einem Augenblick der Wahrheit?

---

1 *Breaking the Silence,* Gespräch mit Chris Patten, in *The Guardian*, 9. Februar 2002.Abrufbar unter: http://www.guardian.co.uk

2 Sandra Corton, *Chrétien Resists American Pressure on Iraq,* in *The Halifax Herald*, 18. Februar 2002. Abrufbar unter: http://www.Herald.ns.ca Siehe auch: Daniel Leblanc, *US Worries About PM's Position on Fighting Iraq,* in *Globe and Mail*, 18. Februar 2002. Abrufbar unter: http://www.GlobeandMail.com

Kapitel 4

Die Verschwörung

Die Fakten, über die wir jetzt verfügen, lassen darauf schließen, daß die Attentate vom 11. September aus dem Inneren des amerikanischen Staatsapparates heraus gesteuert wurden. Dennoch schockiert uns dieser Schluß, da wir bisher an die Legende des *„bin Laden-Komplotts"* gewöhnt waren, und weil es uns schwerfällt, zu glauben, daß die Amerikaner zynischerweise fast dreitausend ihrer Landsleute geopfert hätten. Doch der amerikanische Generalstab hat in der Vergangenheit schon einmal eine Terrorkampagne gegen sein eigenes Volk geplant, aber diese niemals ausgeführt. Eine historische Erinnerung drängt sich auf.

*
* *

1958 stürzen in Kuba von den Obersten Fidel und Raoul Castro, Che Guevera und Camilo Cienfuegos geführte Aufständische das Marionettenregime von Fulgencio Batista. Die neue, noch nicht kommunistische Regierung macht mit einem sorgfältig geplanten Handstreich der Ausbeutung der Insel ein Ende, an der sich eine multinationale Gruppe der Vereinigten Staaten (Standard Oil,

General Motors, ITT, General Electrics, Sheraton, Hilton, United Fruit, East Indian Co.) und die Familie Bacardi seit sechs Jahren beteiligt hatten. Im Gegenzug überzeugen diese Unternehmen Präsident Eisenhower von der Notwendigkeit, die Castristen zu stürzen.

Am 17. März 1960 genehmigt Präsident Eisenhower ein *Programm geheimer Aktionen gegen das Castro-Regime,* das der *Matrix* von Tenet vergleichbar, jedoch nur auf Kuba beschränkt ist. Ziel ist es, *„das Regime von Castro durch ein anderes zu ersetzen, das treuer zu den wahren Interessen des kubanischen Volkes steht und für die Vereinigten Staaten wesentlich akzeptabler ist, und zwar unter Vermeidung jeglicher sichtbarer US-Intervention."*[1]

Am 17. April 1961 versucht eine Brigade von Exilkubanern und Söldnern, die mehr oder weniger diskret vom CIA angeheuert wurden, in der Schweinebucht an Land zu gehen. Die Operation wird zum Fiasko. Präsident John F. Kennedy, eben ins Weiße Haus eingezogen, weigert sich, US-Truppen zur Unterstützung der Söldner zu entsenden. Das kubanische Regime macht eintausendfünfhundert Gefangene. Kennedy mißbilligt aufgrund dieser Niederlage das Unternehmen und setzt den CIA-Direktor (Allen Dulles), den stellvertretenden Direktor (Charles Cabell) und den Direktor des *stay-behind* (Richard Bissell) ab. Er beauftragt seinen Militärberater, General Maxwell Taylor, eine interne Untersuchung durchzuführen, aber dieser folgen keine konkreten Maßnahmen. Kennedy informiert sich über die Haltung des Generalstabes[2], der die Operation selbst dann noch rechtfertigt, als sie bereits

1 *A Program of Covert Operations Against the Castro Regime,* offengelegtes CIA-Dokument vom 16. April 1961.

2 Williard J. Webb und Ronald H. Cole, *The Chairmen of the Joint Chiefs of Staff,* DoD, 1989; Maxwell D. Taylor, *Swords and Plowshares,* 1972.

gescheitert war. Alles deutet dabei darauf hin, daß die Generäle die Vereinigten Staaten in einen offenen Krieg gegen Kuba führen wollten.

Indem Präsident Kennedy im Wirklichkeit aber die Methoden und die Schachzüge des CIA billigte, stellte er Washingtons feindselige Politik gegen Havanna nicht in Frage. Er ruft insgeheim eine *„erweiterte Spezialgruppe"* mit dem Auftrag ins Leben, einen Anti-Castro-Kampf zu planen und durchzuführen. Diese Gruppe setzt sich aus seinem Bruder, Robert Kennedy (Generalstaatsanwalt), seinem Militärberater (General Maxwell Taylor), dem nationalen Sicherheitsberater (Mc George Bundy), dem Staatssekretär (Dean Rusk), unterstützt durch einen Berater (Alexis Johnson), dem Verteidigungsminister (Robert McNamara), unterstützt durch einen Berater (Roswell Gilpatric), dem neuen CIA-Direktor (John McCone) und dem Chef des Generalstabes (General Lyman L. Lemnitzer) zusammen.

Diese erweiterte Spezialgruppe schnürt ein geheimes Aktionspaket unter dem Operationstitel *Mangoose* (Manguste). Zu seiner Ausführung wird die Koordination zwischen dem Staatsministerium, dem Verteidigungsministerium und dem CIA General Edward Lansdale übertragen, der als Assistent des Verteidigungsministers und Direktor der NSA für die Durchführung von Spezialoperationen verantwortlich ist. Der CIA gründet seinerseits eine *ad hoc*-Einheit, die *Gruppe W* unter der Leitung von William Harvey.

*

* *

Im April 1961 wird die amerikanische Armee von einer schweren Krise geschüttelt: Generalmajor Edwin A. Walker, der die xenophobischen Ausschreitungen von Little Rock angestiftet hatte, bevor er das Kommando der in Deutschland stationierten Truppen übernahm, wird von Präsident Kennedy abgesetzt.[1] Er wird angeklagt, in den Streitkräften für die extreme Rechte geworben zu haben und gehörte selbst der John Birch-Gesellschaft und den Wahren Rittern des Klu Klux Klan an.

Die Senatskommission für Auswärtige Angelegenheiten leitet eine Untersuchung über den Extremismus in den Streitkräften ein. Die Anhörungen werden von Senator Albert Gore (Demokrat aus Tennesse), dem Vater des künftigen amerikanischen Vizepräsidenten, geführt. Die Senatoren verdächtigen den Generalstabschef, General Lyman L. Lemnitzer, am „Walker Komplott"[2] teilgenommen zu haben. Gore weiß, daß Lemnitzer ein Spezialist für geheime Aktionen ist: 1943 leitete er persönlich die

1 Siehe dazu die Studie *Les Forces spéciales clandestines* in: *Les Notes d'information du Réseau Voltaire n° 235*. Für umfassendere Details: Chris Cravens, *Edwin A. Walker and the Right Wing in Dallas,* South Texas State University, 1993.

2 Seit dem Ende des Koreakriegs war Generalmajor Edwin Walker überzeugt, daß die US-Regierung eine nachlässige Politik im Hinblick auf den Fortschritt des Kommunismus betrieb. Nachdem er durch Verteidigungsminister Robert McNamara vom Dienst suspendiert wurde und eine Rüge erhalten hatte, unterstützte er einen Aufruhr an der Universität von Mississippi, um gegen die Einstellung eines schwarzen Hochschullehrers zu protestieren. Danach wurde er von Generalanwalt Robert Kennedy gerichtlich belangt und wegen aufrührerischer Konspiration, Widerstand und Rebellion eingesperrt. Begünstigt durch die konservative Presse, die ihn als *„Kennedys politischen Gefangenen"* bezeichnete, wurde er nach Zahlung einer Kaution von fünftausend Dollar wieder auf freien Fuß gesetzt. Später traf man ihn als Financier eines Komplotts der OAS zur Ermordung von Charles de Gaulle wieder, und schließlich als treibende Kraft des *Comité 8F,* das der Planung des Mordes an John F. Kennedy verdächtigt wird.

Unterhandlungen, um Italien zum Frontwechsel gegen das Reich zu bewegen, und führte dann 1944 gemeinsam mit Allen Dulles die Geheimgespräche mit den Nationalsozialisten in Ascona (Schweiz) zur Vorbereitung der Kapitulation (Operation Sunrise).[1] Er war an der Gründung des *stay-behind*-Netzwerkes der NATO beteiligt, indem er die NS-Agenten zum Kampf gegen die UdSSR bewog, sowie auch am Aufspüren von der Verbrechen gegen die Menschlichkeit Beschuldigten in Lateinamerika. Aber Gore gelingt es nicht, Lemnitzers Verantwortung für die fraglichen Vorfälle zu beweisen.

Eine kürzlich veröffentlichte geheime Korrespondez von General Lemnitzer beweist mittlerweile, daß er mit dem Kommandanten der amerikanischen Streitkräfte in Europa (General Lauris Norstad) und anderen sehr hochrangigen Offizieren ein Komplott bildete, um die Politik von John F. Kennedy zu sabotieren.

Die extremistischen Militärs prangern Kennedys Weigerung an, in Kuba militärisch einzugreifen. Sie sehen in den Zivilisten des CIA die Verantwortlichen für die schlechte Planung der Landung in der Schweinebucht und berachten Präsident Kennedy als Feigling, da er die Unterstüzung der Aktion durch die US Air Force verweigerte. Um diese Spannungen zu verschärfen, erfinden sie einen politischen Vorwand, um Kennedy zum militärischen Eingreifen zu bewegen. Dieser Plan, Operation „Northwoods" genannt, beruht auf von Brigadegeneral William H. Craig ausgearbeiteten Studien. Der Plan wird der *„erweiterten Spezialgruppe"* am 13. März 1962 von General Lemnitzer selbst vorgestellt. Diese Versammlung findet im Büro des Verteidigungsministers im Pentagon von 14.30 Uhr bis 17.30 Uhr statt. Sie endet sehr schlecht: Robert

1 Allen Dulles, *Les Secrets d'une reddition,* Dalmann-Lévy 1967.

McNamara verwirft den Plan im ganzen, ungeachtet der Drohgebärden von General Lemnitzer. Es folgen sechs Monate offener Feindseligkeiten zwischen der Regierung Kennedy und dem Generalstab, dann schließlich Lemnitzers Entlassung und seine Nominierung als Oberbefehlshaber der US-Streitkräfte in Europa. Vor seinem Weggang befiehlt er die Vernichtung aller Spuren des Projektes „Northwoods", aber Robert McNamara bewahrt eine Kopie des ihm zugegangenen Memorandums auf.[1]

*

* *

Die Operation „Northwoods" sieht vor, die internationale Gemeinschaft davon zu überzeugen, daß Fidel Castro äußerst unberechenbar und deshalb eine Gefahr für den Frieden im Westen sei. Um das zu erreichen, ist vorgesehen, schwere Beeinträchtigungen für die USA in Kuba zu inszenieren und Kuba später zu beschuldigen, diese verursacht zu haben. Folgende Provokationen waran geplant:

– Angriff auf die amerikanische Basis von Guantanamo. Die Operation sollte von kubanischen Söldnern in der Uniform der Kräfte von Fidel Castro durchgeführt werden. Sie hätte verschiedene Sabotageakte und die Spren-

1 Die Dokumente über die Operation „Northwoods" wurden ursprünglich in Australien von Jon Elliston veröffentlicht (*Psy War on Cuba: The Declassified History of US Anti-Castro Propaganda,* Ocean Press 1999), ohne aber in den Vereinigten Staaten Reaktionen hervorzurufen. In seiner Geschichte der NSA (*Body of Secrets, Anatomy of the Ultra-Secret National Security Agency from the Cold War to the Dawn of a New Century,* Doubleday 2001) wurden sie von dem Journalisten der *ABC News,* James Bamford, wieder aufgegriffen, was in Historikerkreisen für erhebliche Aufregung sorgte.

gung des Munitionsdepots umfaßt und damit notwendigerweise materielle und menschliche Schäden heraufbeschworen.

– In den kubanischen Gewässern sollte ein amerikanisches Handelsschiff explodieren, um auf diese Weise die Erinnerung an die Zerstörung der Maine im Jahre 1898 mit zweihundertsechsundsechzig Toten aufzufrischen, die die amerikanische Intervention gegen Spanien provoziert hatte.[1] Das Schiff sollte in Wahrheit aber leer und ferngesteuert sein. Die Explosion sollte bis Havanna oder Santiago zu sehen sein, um Zeugen dafür zu haben. Um die Verluste glaubwürdig zu machen, sollten Hilfsmaßnahmen eingeleitet, eine Liste der Opfer in der Presse veröffentlicht und falsche Beerdigungen organisiert werden, um Entrüstung hervorzurufen. Die Operation sollte zu einem Zeitpunkt beginnen, wo kubanische Schiffe und Flugzeuge in diesem Gebiet auftauchten, um ihnen den Angriff unterschieben zu können.

– Terror gegen die Exilkubaner durch gegen sie gerichtete Plastikbombenanschläge in Miami, Florida und sogar in Washington. Falsche kubanische Agenten sollten verhaftet werden, um Beweise vorzulegen. Falsche, im vorhinein erstellte, kompromittierende Dokumente sollten gefunden und an die Presse verteilt werden.

– Mobilisierung der Nachbarstaaten Kubas durch Vortäuschung einer ihnen drohenden Invasion. Ein falsches kubanisches Flugzeug sollte nachts die Dominikanische Republik oder einen anderen Staat in der Region bom-

1 Zu dieser Zeit war Kuba eine spanische Kolonie. Die USA intervenierten militärisch, um Kubas Entkolonialisierung zu erreichen und es dann in den Status eines Protektorats zu versetzen.

bardieren. Dabei wären Bomben offenkundig sowjetischer Bauart verwendet worden.

– Mobilisierung der öffentlichen internationalen Meinung durch Zerstörung eines bemannten Raumflugzeuges. Um die Gemüter zu erschüttern, wäre das Opfer John Glenn gewesen, der erste Amerikaner, der mit der Mercury einen Raumflug unternommen hatte.

Eine Provokation wurde besonders genau geplant:

„Es ist möglich, einen Zwischenfall hervorzurufen, der auf überzeugende Art zeigen wird, daß ein kubanisches Flugzeug einen zivilen Charterflug auf einer Route von den Vereinigten Staaten nach Jamaika, Guatemala, Panama oder Venezuela angegriffen und zum Absturz gebracht hat." Eine eingeweihte Gruppe von Passagieren, zum Beispiel Studenten, hätte einen Charterflug einer Gesellschaft unternommen, die sich – der Öffentlichkeit unbekannt – im geheimen Besitz des CIA befindet. Auf der Höhe von Florida hätte sich ihr Flugzeug mit einem völlig identischen, jedoch leeren und in eine Drohne umgewandelten Replikat gekreuzt. Die eingeweihten Passagiere wären auf eine CIA-Basis zurückgekehrt, während die Drohne zum Schein ihren Weg fortgesetzt hätte. Die Maschine hätte Notsignale ausgesandt, um anzuzeigen, daß sie von einem kubanischen Jäger angegriffen wurde, und wäre im Flug explodiert.[1]

---

1 Bei der Überwachung des Luftraumes ist es heute schwierig, Flugzeuge zu vertauschen, ohne daß die Kontrolleure den Betrug bemerken. Dies ist jedoch nicht unmöglich. Man weiß, daß jedes Linienflugzeug mit einer automatischen Funkanlage ausgestattet ist, die ein Identifikationssignal und Flugangaben (Höhe, Geschwindigkeit usw.) so aussendet, daß die Kontrolleure auf ihren Radarschirmen nicht nur einen Punkt sehen, sondern das gesamte Flugzeug identifizieren können. Nichtsdestoweniger wird die genaue Kenntnis des Luftraums

Die Durchführung dieser Operationen hätte notwendigerweise den Tod von zahlreichen zivilen und militärischen amerikanischen Bürgern mit eingeschlossen. Aber genau das ist der menschliche Tribut, der manipulierte Aktionen erst wirksam macht.

*

* *

Für John F. Kennedy ist Lemnitzer ein anti-kommunistischer, von den multinationalen Kräften skrupellos unterstützter Hysteriker. Der neue Präsident versteht den Sinn der versteckten Hinweise seines Vorgängers, Präsident Eisenhowers, ein Jahr zuvor in seiner Rede zu seinem Amtsende: *„In den Beratungen der Regierung müssen wir auf das Eindringen illegitimer Einflüsse achten, seien sie nun von dem militärisch-industriellen Komplex gewollt oder nicht. Das Risiko gegen uns gerichteter Entwicklungen einer usurpierten Macht besteht und wird weiterbestehen. Wir dürfen niemals das Gewicht einer solchen Vereinigung unsere Freiheit oder den demokratischen Prozeß bedrohen lassen. Wir dürfen nichts als gegeben voraussetzen. Nur Wachsamkeit und bürgerliches Be-*

---

durch die geheime Abwehr geschützt; ebenso sind die zivilen Radaranlagen mit einem Filter ausgestattet, der sie abschirmt, wenn sie Flugzeuge entdecken, deren automatische Funkanlagen militärische Codes aussenden. Um Flugzeuge zu vertauschen, muß man demnach über einen Militärcode verfügen, und während des Austausches die zivile automatische Funkanlage abschalten.

Es ist bemerkenswert, daß am 11. September die Funkanlagen der vier Flugzeuge, die offiziell umgeleitet wurden, aus unbekanntem Grund zu senden aufhörten. Entsprechend der vorgeschriebenen Verfahrensweise müssen die Fluglotsen in einem solchen Fall unverzüglich einen Funkkontakt einrichten, um festzustellen, daß das Flugzeug nicht in Not ist, und, sollte dies nicht der Fall sein, müssen sie das Militärkommando (NORAD) benachrichtigen, damit diese einen Sichtkontakt mit seinen Abfangjägern einrichtet.

wußtsein vermögen das Gleichgewicht zwischen dem Einfluß der gigantischen industriellen Maschinerie und der militärischen Verteidigung sowie unseren Methoden und unseren friedlichen Zielen zu garantieren, so daß Sicherheit und Freiheit gleichermaßen gedeihen können."[1]

In der Tat widersetzt sich John F. Kennedy den Generälen Walker, Lemnitzer und ihren Freunden und weigert sich, Amerika in einen Krieg auf Leben und Tod gegen den Kommunismus in Kuba, Laos, Vietnam oder sonstwo zu verwickeln. Er wurde am 22. November 1963 ermordet.[2]

General Lemnitzer geht 1969 in Pension. Aber 1975, als der Senat Untersuchungen über die genaue Rolle des CIA unter der Regierung Nixon anstellt, bittet ihn Gerald Ford, der Interimspräsident nach der *Watergate-Affäre*, sich an dieser Untersuchung zu beteiligen. Nachdem er geholfen hat, diese Angelegenheit zu klären, überredet ihn Ford aufs neue, eine Pressuregroup ins Leben zu rufen, das Comittee on the Present Danger (CPD). Diese Vereinigung ist ein Geschöpf des CIA und wird von George Bush sen. geführt. Sie initiiert Aktionen gegen die sowjetische Gefahr. Unter ihren leitenden Personen finden sich verschiedene CIA-Verantwortliche sowie Paul D. Wolfowitz (gegenwärtiger stellvertretender Staatssekretär im Verteidigungsministerium und mit den Operationen in Afghanistan beauftragt). Parallel dazu befördert Gerald Ford den Brigadegeneral William H. Craig, der die einleitenden Studien für die Operation „Northwoods" erstellt hatte, zum Direktor der National Security Agency (NSA). General Layman L. Lemnitzer stirbt am 12. November 1988.

---

1 Dwight Eisenhower, *Farewell Address,* 17. Januar 1961.
2 William Raymond, *JFK, Autopsie d'un crime d'Etat,* Flammarion 1998.

1992 wirft die Aufführung eines Films von Oliver Stone über den Mord an Präsident Kennedy, in dem die Unstimmigkeiten der offiziellen Darstellung aufgezeigt werden, in der amerikanischen Öffentlichkeit Fragen auf. Präsident Clinton ordnet die Öffnung zahlreicher Archive aus der Periode Kennedy an. Unter den Papieren des Verteidigunsministers McNamara findet sich die einzig erhaltene Kopie des Projekts „Northwoods".

Dieser historische Vorfall erinnert uns daran, daß ein internes Komplott der Vereinigten Staaten, das vorsieht, im Rahmen einer terroristischen Aktion amerikanische Staatsbürger zu opfern, unglücklicherweise nicht unmöglich ist. 1962 widerstand John F. Kennedy dem Wahnsinn seines Generalstabs. Vielleicht hat er dafür mit seinem Leben bezahlt. Wir wissen nicht, wie die Reaktion von George W. Bush gewesen wäre, hätte er sich in derselben Lage befunden.

Die gegenwärtige Geschichte der Vereinigten Staaten zeigt uns deutlich, daß sich der innerstaatliche Terrorismus in der Entwicklung befindet.

Seit 1996 veröffentlicht das FBI[1] einen Jahresbericht über Terrorakte in den USA: im Jahre 1995 vier, 1996 acht, 1997 fünfundzwanzig, 1998 siebzehn und 1999 neunzehn. Sie wurden hauptsächlich von militärischen und paramilitärischen Gruppen der Chauvinisten ausgeübt.

*

*   *

1 *Terrorism in United States,* FBI. Abrufbar unter:
1996: http://www.fbi.gov/publications/terror/terroris.pdf
1997: http://www.fbi.gov/publications/terror/terr97.pdf
1998: http://www.fbi.gov/publications/terror/terror98.pdf
1999: http://www.fbi.gov/publications/terror/terror99.pdf

Die Existenz eines Komplotts zur Durchführung der Attentate des 11. September in den Reihen der amerikanischen Armee wird durch die Zeugenaussage von Leutnant Delmart Edward Vreeland vor dem Obersten Gerichtshof von Toronto bestätigt.[1]

Der wegen Scheckbetrugs verhaftete Leutnant Vreedom verteidigte sich unter Berufung auf seine Zugehörigkeit zum Geheimdienst der amerikanischen Marine (Naval Intelligence). Er erzählte den Polizisten, daß er in Rußland Informationen über den Mord an Marc Bastien, einem Chiffrierspezialisten der kanadischen Botschaft in Moskau, sowie auch über die Vorbereitung der Attentate in New York erhalten habe. Nachdem sie sich versichert hatte, daß Marc Bastien nicht ermordet wurde, sondern im Zustand der Trunkenheit an einer Überdosis Antidepressiva starb, ging die Polizei nicht weiter auf Vreelands Äußerungen ein, die sie für eine erfundene Rechtfertigung hielt. Er wurde eingesperrt.

Am 12. August 2001 überreichte Vreeland der Gefängnisleitung einen verschlossenen Briefumschlag, der seine Zeugenaussage zu den bevorstehenden Attentaten enthielt. Die kanadischen Behörden maßen dem keine Be-

---

1 Diese Angelegenheit wurde zum Inhalt von vier Artikeln von Nick Pron in: *Toronto Star.* Abrufbar unter: http://www.thestar.com Siehe auch: *Did This Man Predict Sept. 11?* (23. Oktober), *US Looks into Inmate's Story, Jail Man Said He Tried to Warn About Attacks* (25. Oktober), *Plot to Murder Judge May Never Have Existed* (31. Oktober), und *Was Embassy Worker Poisoned?* (21. Januar 2002). Der 3. Artikel bezieht sich auch auf eine Zeugenaussage zur Vorbereitung eines Mordes an einem Beamten. Die Untersuchungen der Polizei in dieser anderen Angelegenheit scheinen dazu verwendet worden zu sein, Vreeland zu diskreditieren. Michael Ruppert, der Herausgeber von *From the Wilderness*, der mit Vreelands Verteidigern in Verbindung steht, hat dieser Sache mehrere Artikel gewidmet. Abrufbar unter: http://www.copvcia.com

deutung zu. Am 14. September öffneten sie den Briefumschlag und fanden eine genaue Beschreibung der Anschläge, die drei Tage zuvor in New York stattgefunden hatten. Auf ihre sofortige Anfrage im Pentagon hin, erfuhren sie, daß Delmart „Mike" Vreeland 1986 wegen schlechter Leistungen aus der Navy ausgeschieden war und niemals der Naval Intelligence angehört hatte. Der Oberstaatsanwalt wies die Aussagen Vreelands zurück und erklärte vor dem Obersten Gerichtshof in Toronto: *„Ist diese Geschichte denn möglich? Ich würde nicht soweit gehen und sagen, daß sie unmöglich ist, jedoch soweitt, daß sie nicht plausibel ist."*

Erster Rückschlag: Der Gerichtsmediziner Line Duchesne nimmt sich des Todesfalles des Diplomaten Marc Bastien an und kommt zu dem Schluß, daß dieser ermordet wurde. Die Zeugenaussagen Vreelands gewinnen wieder an Glaubwürdigkeit.

Zweiter Rückschlag anläßlich einer öffentlichen Verhandlung vor dem Obersten Gerichtshof in Toronto am 25. Januar 2002: Vreelands Anwälte, Rocco Galati und Paul Dlansky, telefonieren über eine mit einem Lautsprecher ausgestattete Leitung mit einem Verbindungsmann im Pentagon. In Anwesenheit der Staatsanwälte, die dem Gespräch folgen, erhalten sie die Bestätigung, daß ihr Klient im aktiven Dienst der Navy gewesen war. Als sie des weiteren seine Vorgesetzten zu sprechen wünschen, legt die Telefonistin das Gespräch auf eine Direktverbindung zur Naval Intelligence um.

*

* *

Hier haben wir es also mit Attentaten zu tun, die fünf Nachrichtendiensten (dem deutschen, dem ägyptischen, dem französischen, dem israelischen und dem russischen) bekannt waren, ferner einem Agenten der Naval Intelligence wie Vreeland und anonymen Verfassern von Warnbotschaften, die an Odigo gesandt wurden, ganz zu schweigen von den Eingeweihten, die an der Börse spekulierten. Bis wohin reichten die undichten Stellen? Und wie weit breiten sich die Verwickelungen aus?

Bruce Hoffman, der Vizepräsident der Rand Corporation, erklärte anläßlich seiner Anhörung im Repräsentantenhaus, daß die Attentate angesichts ihres Ausmaßes *„unvorstellbar"*[1] seien. Das ist die eideutige Meinung des anerkanntesten aller Experten. Mit einem jährlichen Budget von einhundertundsechzig Millionen Dollar ist die Rand Corporation[2] das wichtigste private Untersuchungzentrum auf der Welt in Bezug auf militärische Strategie und Organisation. Sie ist die prestigeträchtigste Verkörperung der amerikanischen militärisch-industriellen Lobby. Neben dem Präsidenten James McLaughin zählt sie Ann McLaughin Korologos (ehemalige Präsidentin des Aspen-Instituts) und Franck Carlucci (Präsident der Carlyle Group) zu ihrem Führungsstab. Condoleezza Rice und Donald Rumsfeld zählten zu ihren Administratoren, soweit es ihre offiziellen Funktionen erlaubten. Zalmay Khalilzad war dort als Analyst tätig.

Jedoch, Bruce Hoffman lügt: Auf einer Konferenz, die von der US Air Force Academy im letzten März (also sechs Monate vor den Attentaten) veranstaltet wurde, sieht er genau das *„unvorstellbare"* Szenario des 11. September vor-

1 Ausgabe vom 26. September 2001. Abrufbar unter: http://www.rand.org/publications/CT/CT182/CT182.pd

2 Offizielle Internetseite der *Rand Corporation*: http://www.rand.org

aus.[1] Vor einem Auditorium höchster Offiziere der US *Air Force* weist er darauf hin, *„daß wir versuchen, uns gegen die Al-Qaida zu wappnen, die Organisation – oder vielleicht die Bewegung, – die mit bin Laden verbunden ist. (...) Denken Sie einen Augenblick an das Bombenattentat auf das World Trade Center 1993. Jetzt stellen Sie sich vor, daß es möglich ist, den Nordturm auf den Südturm fallen zu lassen und dabei sechzigtausend Personen zu töten. (...) Sie werden andere Waffen finden, andere Taktiken und andere Mittel um ihre Ziele zu erreichen. Sie haben augenscheinlich eine Auswahl an Waffen, darunter die Drohnen* [ferngesteuerte Flugzeuge]*"*.

Welch erstaunliche Gabe, die Zukunft vorherzusagen!

*

* *

Um die Hitzköpfe der republikanischen Partei zu beruhigen, stimmen die Demokraten anläßlich der Haushaltsberatungen 2000 der Einrichtung einer Kommission zur Bewertung der Sicherheitsvorkehrungen der Vereinigten Staaten im Weltraum zu. Die Kommission erstattet ihren Bericht am 11. Januar 2001, wenige Tage bevor ihr Präsident, der ehrenwerte Donald Rumsfeld, Verteidigungsminister der Regierung Bush wird und seinen Sitz im Verwaltungsrat der Rand Corporation aufgibt. Acht der zwölf Kommissionsmitglieder waren pensionierte Generäle. Alle waren Befürworter des „Raketenabwehrschirms". Dies führte dazu, daß sich die Kommission während ihrer zweiunddreißig Arbeitstage nicht mit einer Situationsanalyse befaßte, sondern mit einer Zusammenstellung

1 *Twenty-First Century Terrorism,* in *The Terrorism Threat and US Goverment response: Operational and Organizational Factors,* US Air Force Academy, Institute for National Security Studies, März 2001. Der Text von Bruce Hoffman ist verfügbar unter: http://www.usafa.af.mil/inss/foreword.htm

von Argumenten, die *a posteriori* die gemeinsamen Überzeugungen ihrer Mitglieder untermauerten.[1]

Für die „Commission Rumsfeld“ stellt der Weltraum eine der Erde, der Luft und dem Meer vergleichbare Militärdomäne dar. Er muß daher ebenso wie Army, Air Force und Navy über seine eigene Waffengattung verfügen. Die Vereinigten Staaten müssen sich dieser Domäne bemächtigen und jede andere Macht daran hindern, sich dort einzurichten. Dank dieser Asymmetrie der Mittel, wird ihre militärische Vorherrschaft unangreifbar und unbegrenzt sein.

Die „Commission Rumsfeld“ unterbreitete zehn Vorschläge:

1. Die Weltraumwaffe muß direkt dem Präsidenten unterstellt sein.

2. Der Präsident bedarf eines Beraters in Weltraumangelegenheiten, damit die Vereinigten Staaten zu ihrem größtmöglichen Vorteil gelangen können.
3. Die verschiedenen Nachrichtendienste müssen der Weltraumwaffe im Rahmen des Nationalen Sicherheitsrates zugeordnet und unterstellt werden.

4. Da die Weltraumwaffe zugleich ein Werkzeug der Nachrichtendienste und eine tödliche Waffe ist, setzt ihr Gebrauch eine Zusammenarbeit des Verteidigungsministers und der zahlreichen Nachrichtendienste voraus: letztere müssen der alleinigen Befehlsgewalt des CIA-Direktors unterstellt sein.

1 *Report of the Commission to Assess U.S. National Security Space Management and Organization.* Abrufbar unter: http://www.defenselink.mil /pubs/space20010111.html

5. Der Verteidigungsminister bedarf eines Staatssekretärs für den Weltraum.

6. Das Weltraumwaffenkommando muß vom Luftwaffenkommando getrennt sein.

7. Die Weltraumwaffe muß die Dienste anderer Waffengattungen nutzen können.

8. Die NRO (Agentur für Raumfotografie) muß dem Staatssekretär der Luftwaffe zugeordnet sein.

9. Der Verteidigungsminister muß in eigener Person die Investitionen für Weltraumforschung und -entwicklun überwachen, um zu gewährleisten, daß die Asymmetrie zwischen den US-Streitkräften und denen anderer Mächte wächst.

10. Für das militärische Weltraumprogramm müssen äußerst großzügige Budgetmittel bereitgestellt werden.

Für Donald Rumsfeld und die Generäle der Air Force stellen die Ereignisse des 11. September in gewisser Hinsicht eine *„göttliche Überraschung"* dar, folgt man dem Ausdruck, den die französischen Faschisten gebrauchten, als die Niederlage es ihnen erlaubte, *„Ballast"* abzuwerfen und Philippe Pétain die gesamte Macht zu übertragen.

Am 11. September um 18.42 Uhr gab Donald Rumsfeld im Pentagon eine Pressekonferenz. Um in diesem schwierigen Augenblick die Einheit Amerikas zu zeigen, hatten sich die demokatischen und republikanischen Führer der Senatskommission für Verteidigung um ihn geschart. Man war ohne Nachrichten von Präsident Bush, und die Welt wartete mit Ungeduld auf die Antwort Amerikas.

Mitten in der Konferenz[1] und vor laufenden Kameras der internationalen Presse warf Donald Rumsfeld dem Senator Carl Levin (Demokrat aus Michigan) vor: „*Sie haben, ebenso wie viele andere demokratische Kongreßabgeordnete die Befürchtung geäußert, daß keine Mittel zur Finanzierung der vom Pentagon geforderten bedeutenden Erhöhung des Verteidigungsbudgets, insbesondere für die Raketenabwehr, zur Verfügung stünden. Sie fürchten Eingriffe in die Fonds der sozialen Sicherheit, um diese Anstrengungen zu finanzieren. Genügt nun die Art der eben eingetretenen Ereignisse, um Sie zu überzeugen, daß es für dieses Land notwendig ist, die Mittel für seine Verteidigung zu erhöhen und, wenn nötig, auch in das Budget der sozialen Sicherheit einzugreifen, um die Militärausgaben zu bezahlen – die Erhöhung der Militärausgaben?*" Ein Zornausbruch, den man auch als Beweis interpretieren könnte.

1 *DoD News Briefing on Pentagon Attack.* Abrufbar unter: http://www.defenselink.mil/cgi-bin/dlprint.cgi

Epilog

Wenn die Energielobby der erste Profiteur des Afghanistankrieges ist, dann ist die militärisch-industrielle Lobby der große Gewinner des 11. September. Ihre verrücktesten Hoffnungen haben sich jetzt erfüllt.

Zunächst wurde der ABM-Vertrag zur Rüstungsbegrenzung einseitig von Präsident Bush gekündigt. Sodann wurde der Direktor des CIA nach dem augenscheinlichen Desaster des 11. September nicht nur nicht kaltgestellt, sondern die Verfügungsmittel der Agentur wurden sofort um 42% angehoben, um die *„Matrix des weltweiten Angriffs"* zum Erfolg zu führen.

Das Militärbudget der Vereinigten Staaten, das seit der Auflösung der UdSSR ständig im Sinken war, erfuhr einen ebenso plötzlichen wie schwindelerregenden Anstieg. Wenn man die zusätzlichen Zuschüsse, die nach den Attentaten eiligst gewährt wurden, und die voraussehbaren Budgeterhöhungen zusammenrechnet, wurden die Militärausgaben in den beiden ersten Jahren der Präsidentschaft Bushs um 24% erhöht. Auf fünf Jahre umgerechnet, wird das Budget der Armee der Vereinigten Staaten mehr als zweitausend Milliarden Dollar betragen, obwohl das Wettrüsten beendet ist und sie keinen einzigen bedeutenden Feind mehr kennen. Das Militärbudget der USA ist von nun an sogar höher wie das der fünfundzwanzig nächstgrößten Armeen der Welt zusammengenommen.

Die am höchsten dotierten Posten sind jene, die mit dem Weltraum und den Geheimoperationen zusammenhängen. Dies zeigt die neue Vorrangstellung der Allianz der für die geheimen Operationen Verantwortlichen (des Kreises um George Tenet) und der Anhänger der Raumwaffe im amerikanischen Staatsapparat. Letztere haben sich um Donald Rumsfeld und General Ralph E. Eberhart, den derzeitigen Oberkommandierenden der NORAD und leitenden Offizier für die Operationen zur Kontrolle des Luftraums am 11. September, geschart.

Die Entwicklung, die die amerikanische Verwaltung seit den Ereignissen des 11. September genommen hat, scheint der Vorbote von viel *„Blut, Schweiß und Tränen"* zu sein, wie es einst Winston Churchill formulierte. Bleibt nur noch die Frage offen, wer auf diesem Planeten dafür die Zeche zahlen wird.

Paris, den 20. Februar 2002

Anhang & Dokumente

Die Militärhaushalte der wichtigsten Länder

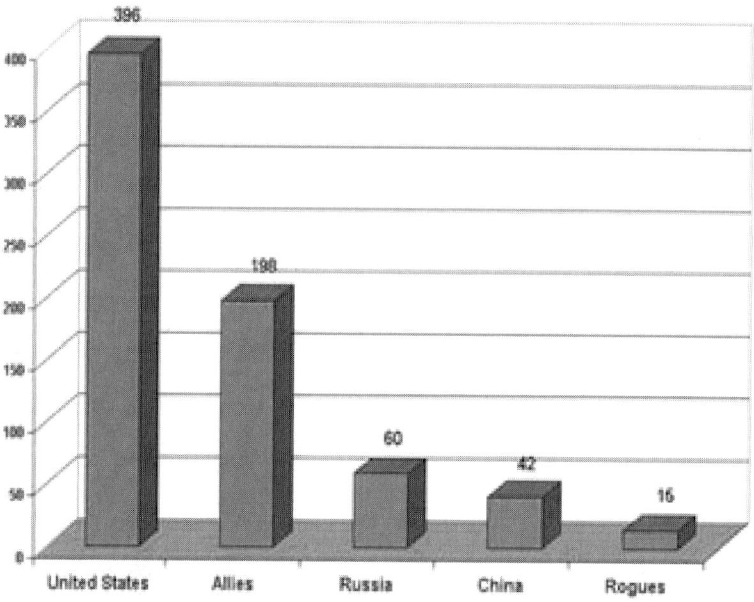

Quelle: http://www.cdi.org/issues/wme/

Die zwei Tafeln (in US-Milliarden) zeigen die enorme Belastung des amerikanischen Militärhaushaltes, der wesentlich höher ist als jener der fünfundzwanzig nachfolgenden Staaten.

„Allies“ beinhaltet die Länder der NATO, Australien, Japan und Südkorea.

„Rogues“ (sog. Schurkenstaaten) [sic!] bestehen aus Kuba, Iran, Irak, Libyen, Nordkorea, Sudan und Syrien.

USA	**396**
Rußland	60
China	42
Japan	40
England	34
Saudi-Arabien	27
Frankreich	25
Deutschland	21
Brasilien	17
Indien	15
Italien	15
Südkorea	11
Iran	9
Israel	9
Taiwan	8
Kanada	7
Spanien	6
Australien	6
Niederlande	5
Türkei	5
Singapur	4
Schweden	4
Vereinigte Arabische Emirate	3
Polen	3
Griechenland	3
Argentinien	3
Summe ohne USA	**382**

(in Milliarden US-Dollar)

Dokumentationsnotiz des State Department über Osama bin Laden

Um die Bombardierungen des 20. August 1998 von Afghanistan und Sudan zu rechtfertigen, hat das State Department eine Dokumentationsnotiz veröffentlicht, in der die Legende von bin Laden kolportiert wird.

Am 20. August 1998 hat die Armee der USA mehrere Einrichtungen des terroristischen Netzwerkes von bin Laden angegriffen. Zur Stunde leitet, finanziert und inspiriert dieses Netzwerk zahlreiche islamische extremistische Gruppierungen, die in der ganzen Welt Terrorakte verüben.

Das bin Laden-Netz ist international und agiert gegenwärtig in der ganzen Welt. Seine Gallionsfiguren sind auch hochrangige Führer in anderen terroristischen Organisationen, insbesondere in Organisationen, die vom State Department als fremde terroristische Organisationen ausgemacht worden sind. Wie zum Beispiel die „Jamaa islamiya" (Ägypten) und der „Islamische Dschihad" (Ägypten). Osama bin Laden und sein Netz versuchen einen Krieg zwischen Islam und Abendland zu provozieren und die gegenwärtigen moslemischen Regierungen zu stürzen, vor allem in Ägypten und Saudi-Arabien.

Unsere Entscheidung, Einrichtungen, die dem Netz von Osama bin Laden zugehören, anzugreifen, ist die Folge von überzeugenden Auskünften, die besagen, daß seine Gruppierung in Zusammenarbeit mit anderen terroristischen Gruppierungen Urheber der schrecklichen Anschläge gegen die US-Botschaften in Nairobi (Kenia) und Dar-es-Salaam (Tansania) vom 7. August waren. Mitglieder des bin Laden-Netzwerks haben auch vor einer Woche an einer Verschwörung teilgenommen, die die Durchführung von anderen Attentaten gegen Botschaften der USA zum Ziel hatte.

Außerdem hat sich eine islamistische Front des bin Laden-Netzwerks mit dem Namen „Islamische Weltfront für den Heiligen Krieg gegen Juden und Kreuzritter" erfreut über die Bombenanschläge gegen unsere Botschaften gezeigt und hat folgendes deklariert: „Die Zukunft der USA wird dunkel sein (...). Sie werden von überall angegriffen und islamische Gruppierungen werden überall auftauchen, um die amerikanischen Interessen zu bekämpfen."

Die schrecklichen Anschläge, die in Afrika geschehen sind, sind nicht die ersten Anschläge gegen die USA und ihre Alliierten, an denen das bin Laden-Netz beteiligt war. Die Liste dieser Attentate ist lang: Sie haben sich verschworen, um im Jemen amerikanische Soldaten zu töten, die gerade an der humanitären Operation für Somalia 1992 beteiligt waren. Sie haben die Ermordung amerikanischer und anderer Soldaten in Somalia organisiert. Diese Soldaten befanden sich im Land, um Nahrungsmittel an die notleidende Bevölkerung zu verteilen.

Das Netzwerk von Osama bin Laden hat ägyptische Terroristen unterstützt, die Präsident Mubarak (Ägypten) 1995 ermorden wollten und die Dutzende von Touristen in Ägypten in den letzten Jahren getötet haben. Der islamische Dschihad (Ägypten), eine der Hauptgruppierungen dieses Netzwerks, hat 1995 mit einer Autobombe ein Attentat gegen die ägyptische Botschaft in Pakistan verübt. Dieses Attentat hat den Tod von 20 Pakistanern und Ägyptern verursacht.

Mitglieder des bin Laden-Netzwerks haben geplant, Flugzeuge von US-Fluglinien über dem pazifischen Ozean explodieren zu lassen und wollten außerdem den Papst ermorden.

Mitglieder dieses Netzwerks haben 1995 eine Bombe in einem Gebäude der amerikanisch-saudischen Mission für militärische Ausbildung in Riad (Saudi-Arabien) detonieren lassen.

Das bin Laden-Netzwerk hat mehrfach sein gewalttätiges, anti-amerikanisches Programm publik gemacht:

Im August 1996 hat Osama bin Laden seine „Kriegserklärung" gegen die USA verkündet.

Im Februar 1998 sagte er: „Einen amerikanischen Soldaten zu töten ist besser als seine Zeit für anderes zu verschwenden."

Im Februar 1998 hat die Islamische Weltfront für den Heiligen Krieg gegen Juden und Kreuzritter, die dem bin Laden-Netzwerk angehört, ihre Entscheidung, Amerikaner und ihre Alliierten, seien es Militärs oder Zivilisten, überall in der Welt anzugreifen, verkündet.

Im Mai 1998 hat Osama bin Laden anläßlich einer Pressekonferenz in Afghanistan erklärt, daß man die Ergebnisse dieser Drohungen „in einigen Wochen" sehen würde.

Das Netz von Osama bin Laden

Osama bin Laden hat gesagt, daß es sein Ziel sei, „alle Moslems zu vereinigen und eine Regierung zu gründen, die den Prinzipien der Kalifen folgen wird". Das einzige Mittel, dieses Ziel zu erreichen besteht nach ihm darin, fast alle Regierungen der moslemischen Länder zu stürzen, den abendländischen Einfluß aus diesen Ländern zu vertreiben und eines Tages die Grenze zwischen den Staaten aufzulösen. Sein Netz hilft Terroristen in Afghanistan, Bosnien, Tschetschenien, Taitschikistan, Somalia, Jemen und jetzt Kosovo. Er bildet auch Mitglieder von Terrorgruppen aus, die in sehr unterschiedlichen Ländern beheimatet sind, wie den Philippinen, Algerien und Eritrea.

Verschiedene Auskünfte

Als ältester Sohn eines reichen saudischen Unternehmers hat Osama bin Laden in den 70er Jahren eine Weltorganisation aufgebaut, mit dem Ziel, moslemische Terroristen zu rekrutieren, die damals den Wunsch hatten, an einem Krieg gegen die Sowjets in Afghanistan beteiligt zu sein.

1988 hat er ein Netz gegründet, das auf Terrorismus und Subversion spezialisiert ist. 1989 kehrte er für kurze Zeit nach

Saudi-Arabien zurück. Die saudische Regierung verwies ihn ein Jahr später des Landes, weil er terroristische Gruppierungen unterstützte.

Osama bin Laden hat sich dann im Sudan einquartiert, wo er seine terroristischen Aktivitäten weiter verfolgen konnte. Nach dem dringlichen Ersuchen der USA sowie nach dem Mordversuch gegen Präsident Mubarak, an dem bin Laden ebenfalls beteiligt war, wurde er 1996 vom Sudan ausgewiesen.

Er hat dennoch finanzielle Interessen weiterhin im Sudan wahrgenommen und enorme Güter in diesem Land behalten.

Der Heilige Krieg Amerikas

von William S. Cohen

Am 12. September 2001, einen Tag nach den Attentaten, forderte der ehemalige Staatssekretär des Verteidigungsministeriums von Bill Clinton, William S. Cohen, die Ideologie des „kalten Krieges gegen den Kommunismus" durch den „Krieg gegen den Terrorismus" zu ersetzen, und zwar in einer Kolumne mit dem vielsagenden Titel: *Der Heilige Krieg Amerikas*. Dieser Artikel wurde in der Washington Post veröffentlicht. Er gibt uns den Vorgeschmack auf die politisch-religiöse Rhetorik des von George W. Bush geplanten Kreuzzuges.

Der Rauch löst sich langsam auf im Himmel von New York, Washington und im Westen von Pennsylvania. Dennoch bleiben heute morgen viele Dinge in Bezug auf die gestrigen Anschläge im Nebel verborgen. Klar ist, daß die amerikanische Bevölkerung vor den Terroristen nicht in die Knie geht – und sie wird keine Ruhe finden, solange die Verantwortlichen nicht vor den Richter gebracht worden sind.

Die Tatsache, daß wir eine freie Gesellschaft sind und daß unsere Gesellschaft ständig durch Menschen anderer Länder und anderer Kulturen erneuert und gestärkt wird, macht Amerika besonders empfindlich für diejenigen, die diese Offenheit ausnutzen. Das Ziel dieser Terroristen ist, Amerika in die Schutzbunker zu zwingen, damit es sich zurückzieht aus allen Teilen der Welt und seine Ideale aufgibt. Aber Amerika kann sich nicht in einen kontinentalen Kokon begeben, isoliert und geschützt vor einer bedrohlichen Welt. Wir haben globale Interessen: wirtschaftlich, politisch oder was unsere Sicherheit angeht. Alle diese Interessen fordern, daß wir aktiv auch außerhalb unserer Grenzen intervenieren. Auch wenn wir uns aus allen globalen Ange-

legenheiten zurückziehen würden, würde Amerika doch ein Symbol bleiben, das gewalttätige Kräfte weiterhin animieren würde, die USA ins Visier ihrer Angriffe zu nehmen. Zuviele Generationen haben den Höchstpreis für die Verteidigung unserer Freiheit gezahlt und machen es uns damit unmöglich, die Weltbühne zu verlassen oder gar unsere Werte aufzugeben. Amerika muß heute in seinen eigenen Heiligen Krieg ziehen. Kein Krieg des Hasses und des Blutes, sondern ein Krieg, getragen durch unser Engagement für Freiheit, Toleranz und Gerechtigkeit. Und unser Arm muß gewappnet werden mit dem Willen, alle Mittel, die uns zur Verfügung stehen, zu benutzen, um unsere Werte zu verteidigen. Die Terroristen haben Ihre Kräfte nicht geschont – und genau dies werden wir auch nicht tun.

Keine Regierung kann die totale Sicherheit ihrer Bürger garantieren, sei es außerhalb oder innerhalb des eigenen Landes. Aber keine Regierung kann es auch zulassen, daß ihre Bürger beliebig angegriffen werden, wenn sie nicht die Ehrlichkeit und das Vertrauen derjenigen verlieren will, deren Schutz ihre Verpflichtung ist.

Um wirksam zu sein, wird diese Anstrengung eine viel größere internationale Zusammenarbeit erfordern, eine verstärkte nachrichtendienstliche Aktivität im Ausland und eine bessere Informationssammlung durch die Ordnungskräfte in unserem Land. Die Information, das ist die Macht. Und wenn man einen besseren Zugang zu diesen Informationen haben will, müssen die amerikanische Bevölkerung und ihre gewählten Vertreter ein Gleichgewicht finden zwischen privatem Lebensschutz und allgemeinem Schutz. In der Vergangenheit war es schwierig, einen dauerhaften Dialog vernünftig und allgemein über diese empfindliche Frage zu führen. Aber je mehr wir diesen Dialog initiieren werden, desto schneller werden wir das richtige Gleichgewicht finden. Eine solche Debatte wird ernsthafte Fragen, was die Einmischung der Regierung in unser Privatleben bedeutet, verursachen, aber unsere individuellen Freiheiten sind viel mehr bedroht durch das Chaos und das Gemetzel, das ein biologischer Angriff provozieren würde, ein Angriff, auf den wir ohnehin ungenügend vorbereitet wären. Diejenigen, die den Terror als Waffe benutzen, stützen sich auf einen allgemeinen Zustand der Angst und der Schwäche ihrer Gegner, und die Opfer solcher Angriffe haben keine andere Wahl, als zu kämpfen oder sich zu unterwerfen. Unsere gesamte Bevölkerung, nicht nur unsere Regierenden, hat sich gegen den Faschismus und dann gegen den Kommunismus zur Wehr gesetzt, als diese die Freiheit bedrohten. Die Amerikaner sind nicht als Sieger aus dem langen Kampf des kalten Krieges hervorgegangen, um jetzt diesen Sieg zu verschwenden, in einem Krieg gegen anonyme Extremisten. Genauso wie im vorigen Krieg wird auch diesmal dieser Kampf nicht mit Hilfe eines einzigen militärischen Gegenschlages gewonnen. Um als Sieger hervorzugehen, wird die amerikanische Bevölkerung wieder Mut, Glaube, Einheit und Entschiedenheit beweisen müssen, damit sie die Zukunft fest in den Händen halten kann.

Anhörung von General Myers vor dem Senat

Am 13. September wurde General Richard Myers durch die Kommission der Streitkräfte im Senat der Vereinigten Staaten angehört. Diese Anhörung, die schon seit langem angesetzt war, beschäftigte sich mit der Gültigkeit von Myers' Ernennung zum Generalstabschef an Stelle von General Hugh Shelton. In Anbetracht der vor zwei Tagen stattgefundenen Ereignisse bezog sie auch die militärische Antwort auf die Attentate ein.

General Myers befand sich zum Zeitpunkt des Angriffs im Büro von Senator Cleland. Er traf nur verspätet im Pentagon ein und leitete sodann vom National Military Command Center aus die Operationen in seiner Funktion als stellvertretender Generalstabschef, da sein Vorgesetzter, General Shelton nach Brüssel versetzt worden war.

In seinen Ausführungen vor der Kommission erwies sich General Myers als unfähig, die militärische Antwort auf die Attentate darzustellen, und rief den Eindruck hervor, als habe es keine solche gegeben.

Um diese Anhörung zu vervollständigen oder zu korrigieren, gab der NORAD später ein Kommuniqué heraus, in dem er bekräftigte, daß die Abfangjäger sehr wohl versucht hätten, die drei entführten Flugzeuge auf ihrem Weg nach New York und Washington abzufangen.

Senator Carl Levin: *Wurde mit dem Verteidigungsministerium von der FAA oder dem FBI oder noch einer anderen Agentur Verbindung aufgenommen, nachdem die beiden ersten entführten Flugzeuge in das World Trade Center einschlugen und bevor das Pentagon getroffen wurde?*

General Richard Myers: *Meine Herren, ich kenne die Antwort auf diese Frage nicht. Ich kann sie Ihnen als Anhang für die Veröffentlichung dieser Anhörung besorgen.*

Levin: *Danke. Hat das Verteidigungsministerium Maßnahmen gegen eine bestimmte Maschine ergriffen – oder wurde es gebeten, solche zu treffen?*

Myers: *Meine Herren, wir waren√...*

Levin: *Und haben Sie Gegenmaßnahmen ergriffen – zum Beispiel, wurden Erklärungen abgegeben, daß die Maschine, die in Pennsylvanien abstürzte, abgeschossen wurde? Diese Gerüchte bestehen noch immer.*

Myers: *Herr Präsident, die Streitkräfte haben kein einziges Flugzeug abgeschossen. Als sich die Art der Bedrohung herauskristallisierte, haben wir sehr wohl Abfangjäger, AWACS, Radar- und Tankflugzeuge aufsteigen lassen, um Beobachtungssysteme für den Fall, daß andere Piratenflugzeuge in das FAA-System eingedrungen wären, einzusetzen. Aber wir haben niemals befohlen, Gewalt anzuwenden.*

Levin: *Wurde diese Anordnung, die Sie eben beschrieben, vor oder nach dem Einschlag im Pentagon gegeben? Wissen Sie das?*

Myers: *Soviel ich weiß, wurde diese Anordnung nach dem Einschlag im Pentagon gegeben.* (...)

Senator Bill Nelson: *Herr Präsident, wenn Sie erlauben, soll folgendes gesagt werden. Ich zitiere die Chronologie von CNN: um genau 9.03 Uhr ist das Flugzeug der United Airlines in den Südturm des World Trade Center gestürzt; um 9.43 Uhr stürzte Flug 77 der American Airlines auf das Pentagon. Um 10.10 Uhr stürzte Flug 93 der United Airlines in Pennsylvanien ab. Es ergibt sich daher eine Zeitspanne von 40 Minuten zwischen dem Angriff auf den zweiten Turm und dem Absturz auf das Pentagon. Und es ergibt sich eine Zeitspanne von einer Stunde und sieben Minuten bis zum Absturz in Pennsylvania.*

Levin: *Das, was wir nicht haben, ist der exakte Zeitpunkt, zu dem das Pentagon, sei es von der FAA, dem FBI oder irgendeiner anderen Agentur über eine mögliche Bedrohung informiert wurde, oder darüber, daß Flugzeuge ihre Richtung geändert hätten oder so etwas in dieser Art, falls es überhaupt informiert wurde. Und Sie sagen uns dieselbe Sache, da ja…*

Myers: *Ich kann darauf antworten. Im Augenblick des ersten Einschlags auf das World Trade Center haben wir unseren Krisenstab zusammengerufen. Das geschah unmittelbar danach. Wir haben ihn also sofort mobilisiert. Und wir haben begonnen, die staatlichen Agenturen zu konsultieren. Der Moment, den ich nicht kenne, ist der, wann die NORAD Jäger aufsteigen ließ. Diesen Moment kenne ich nicht.*

Levin: *Auch nicht den Moment, wonach ich Sie gefragt habe, das heißt, ob die FAA oder das FBI Sie informiert hatte, daß andere Flugzeuge von ihrem Flug abgewichen waren, von ihrem Flugplan, und zurückkamen oder in Richtung Washington flogen – ob es von den Agenturen auch nur das geringste Ssignal gegeben hat, denn im negativen Fall ist dies eine augenscheinliche Schwäche.*

Myers: *Genau.*

Levin: *Aber auf jeden Fall... viel wichtiger: Sie sind bitte so liebenswürdig und besorgen uns diese Information.*

Myers: *Diese ist wahrscheinlich fertig. Wie Sie sich erinnern werden, befand ich mich zu jenem Zeitpunkt nicht im Pentagon, diese Sache ist also ein wenig konfus. Danach haben wir über NORAD, die FAA an NORAD, regelmäßige Informationen über die anderen Flugzeuge, die uns beunruhigten, erhalten. Und wir waren auf dem laufenden über das, welches in Pennsylvanien abgestürzt ist. Noch einmal, ich weiß nicht, ob wir Abfangjäger auf sie ansetzten. Ich müßte...*

Levin: *Wenn Sie uns also bitte die präzisen Zeitangaben zukommen lassen würden. Wir wissen, daß Sie sie nicht kennen.*

Myers: *Wir werden sie herausfinden.*

Interview mit Vizepräsident Cheney

Am 16. September 2001 erzählte Vizepräsident Cheney auf Einladung von *Meet the Press* (von NBC)[1] den Zuschauern am Fernsehschirm, wie er die Ereignisse des 11. September erlebt hatte. Man muß sich vergegenwärtigen, daß der Secret Service die politischen Kräfte beherrscht. Und man muß sich gleichermaßen die absurde Geschichte eines über Washington ohne Einschaltung der Flugabwehr kreisenden Flugzeuges vor Augen halten.

Vizepräsident Cheney: *Ich blieb dort einige Minuten, um im Fernsehen die Entwicklung der Dinge zu verfolgen. Wir waren gerade dabei, uns zu organisieren, um zu entscheiden, was zu tun sei. Als in diesem Augenblick die Agenten des Secret Service eintreten, halten sie sich nicht mit Höflichkeiten auf. Sie sagen nicht „Entschuldigen Sie, mein Herr" oder bitten uns höflich, mit ihnen zu kommen. Sie sind einfach hereingekommen, haben mir gesagt „Mein Herr, wir müssen sofort weggehen", haben mich gestoßen und....*

Tim Russert: Sie haben Sie buchstäblich gestoßen und weggetragen?

Vizepräsident Cheney: *Naja. Von Zeit zu Zeit haben meine Beine trotzdem den Boden berührt. Aber da sie viel größer sind als ich, haben sie mich zwischen sich aufgehoben und mich rasch weggetragen. Wir haben einen Hof überquert, sind Treppen hinabgestiegen, sind durch Türen gegangen und sind noch tiefer gestiegen, bis wir einen unter dem Weißen Haus gelegenen Schutzraum erreicht hatten, wobei es sich um einen von zwei Seiten geschlossenen Korridor handelt. Hier erst haben sie mir gesagt, daß sie eine Information erhalten hätten, daß ein Flugzeug auf das Weiße Haus zufliegen würde.*

Tim Russert: *Es handelte sich um Flug 77, der von Dulles kam.*

Vizepräsident Cheney: *Ja, dieses Flugzeug erwies sich als Flug 77. Er kam von Dulles und flog nach Westen in Richtung Ohio, bevor er unter die Kontrolle der Terroristen kam. Sie haben die automatische Funkanlage ausgeschaltet, weshalb auch die ersten Informationen von einem in Ohio abgestürzten Flugzeug sprachen, was aber nicht ganz sicher war. Schließlich ließen sie das Flugzeug einen Halbkreis fliegen und Kurs auf Washington nehmen. Laut unseren Informationen haben sie direkt das Weiße Haus anvisiert...*

Tim Russert: *Kam das Flugzeug in Sichtweite des Weißen Hauses?*

Vizepräsident Cheney: *Nein, nicht in Sichtweite, aber es flog geradewegs darauf zu. Der Secret Service hatte eine direkte Verbindung zur FAA und die Verbindung blieb offen als das World Trade Center...*

Tim Russert: *Sie verfolgten das Flugzeug auf ihren Radarschirmen.*

Vizepräsident Cheney: *Und als es in die Sicherheitszone eindrang und sich auf das Weiße Haus zuzubewegen schien, war dies der Zeitpunkt, daß mich die Leibwächter packten und in den Schutzraum im Keller brachten. Wie Sie wissen, hat das Flugzeug das Weiße Haus nicht getroffen, sondern seine Route geändert. Wir meinen, daß es eine komplette Runde gedreht hat und daß es zurückgekommen ist, um auf das Pentagon zu stürzen. Das ist wenigstens das, was uns die Radaranalyse gezeigt hat.* (...)

Vizepräsident Cheney: *Der Präsident befand sich in der Präsidentenmaschine, der Air Force One. Wir haben eine Drohung gegen die Air Force One erhalten, die uns der Secret Service zukommen ließ...*

Tim Russert: *Eine glaubwürdige Drohung gegen die Air Force One. Sind Sie sicher?*

Vizepräsident Cheney: *Ja, da bin ich mir sicher. Sicherlich hätte es sich auch um einen Scherz handeln können, aber angesichts der Dinge, die in diesem Moment geschahen, konnte man dies nicht überprüfen. Ich denke, daß die Drohung ausreichend glaubwürdig war, jedenfalls so sehr, daß der Secret Service mich darüber informierte. Ich verließ meine unterirdische Deckung, nachdem ich mit dem Präsidenten gesprochen und ihn ausdrücklich gebeten hatte, im Augenblick nicht zurückzukommen. Anschließend ging ich zum PEOC, dem Kommandozentrum des Präsidenten für den Krisenfall und ließ dort Norman Mineta rufen (...)*

1 Vollständiger Text der Anhörung abrufbar unter: http://stacks.msnbc.com/news/629714.asp

Staaten, die den Terrorismus unterstützen, sollten ebenfalls ausgelöscht werden

von Richard Perle

In einem Kommentar, der am 18. Sept. 2001 im Londoner *Daily Telegraph*[1] veröffentlicht wurde, hat Richard Perle, einer der Washingtoner ‚Falken', die mangelnde Kampfbereitschaft der Alliierten gegeißelt. Er entdeckt eine Art von „Vichy-Verhalten"[2] in der abwägenden Überlegung hinsichtlich der Identität der Terroristen und lehnt von vornherein die Wahl gewisser Bündnisse ab. In seinen Augen sind einige Staaten auszuschalten. Dabei spielt es keine Rolle, ob sie in die Attentate verwickelt sind oder ob sie selbst Gegner Osama bin Ladens und der Taliban sind. Hier bedeutet die Bezeichnung ‚Terrorist' nicht Gruppen, die in irgendeiner Art militärisch vorgehen, sondern mit dem Begriff ‚Terrorist' werden die Feinde der USA geächtet. Richard Perle ist ein ehemaliger Mitarbeiter im Verteidigungsministerium unter Präsident Reagan (1981–1987), leitet jetzt das Center for Security Policy (Zentrum für Sicherheitspolitik) und ist Herausgeber der *Jerusalem Post*.

Die britischen Kommentatoren lassen sich zur Zeit im gegenwärtigen Krieg gegen den Terrorismus von einem gewissen „Vichy-Defätismus" leiten.

Unaufhörlich wird eine Unmenge von Losungen produziert, z.B.: „Wir wissen nicht, wer der Feind ist." – „Wir wissen

1 *State Sponsors of Terrorism Should Be Wiped Out, Too* von Richard Perle, in *The Daily Telegraph* vom 18. September 2001.Abrufbar unter: http://www.dalytelegraph.co.uk

2 Vichy, Stadt in Südfrankreich, Sitz der Regierung Pétain im 2. Weltkrieg, bedeutet heute im Französischen politisches Anpassertum, politisches Mitläufertum. (Anm. des Übersetzers)

nicht, wo wir zuschlagen müssen." – „Selbst wenn wir wüßten, wo wir ihn finden könnten, würden wir nur neue Märtyrer schaffen." – *Und schließlich:* „Die Verdammten der Erde *(um an den Titel der berühmten anti-kolonialistischen Streitschrift von Franz Fanon zu erinnern)* sind derart verzweifelt, daß es ihnen nichts ausmacht, ehrenvoll im Feuer des Großen Satan zu fallen."

Der US-Verteidigungsminister Donald Rumsfeld und die übrigen wichtigen Regierungsmitglieder können zu Recht sagen, daß sich die „freie" Welt einer neuen Art von Krieg gegenübersieht. Aber trotz der Neuheit des Krieges seien die „Vichy-Anhänger" im Unrecht, wenn sie glaubten, daß die USA und ihre Verbündeten ohnmächtig seien.

Selbst wenn wir noch nicht die Täter der in der vergangenen Woche begangenen Grausamkeiten kennen, so wissen wir doch genug, um handeln zu können, und zwar entscheidend handeln zu können.

Die Wahrheit ist, daß die internationale Gemeinschaft noch keine neue Weltordnung errichtet hat, in deren Rahmen die Unterstützung des Terrorismus durch einen Staat sich außerhalb der akzeptierten Normen bewegt. Ohne die konkrete Unterstützung, zu der allein Staaten fähig sind – Zufluchtsmöglichkeiten, Nachrichtendienste, Logistik, (militärische) Ausbildung, Nachrichtenwesen, Geld – wäre das Netzwerk von bin Laden und ähnlichen Gruppen höchstens in der Lage, von Zeit zu Zeit ein in den Hinterhalt gelocktes Auto in die Luft zu jagen. Nehmt den Terroristen die Büros, in den sie arbeiten, nehmt ihnen die Infrastrukturen, auf die sie sich stützen, jagt sie so, daß sie sich jeden Tag ein neues Versteck zum Schlafen suchen müssen, dann wird das Ausmaß ihrer Aktivitäten äußerst eingeschränkt sein.

(...)

Der Iran hat seine Gründe, eine Militäraktion gegen das Taliban-Regime in Afghanistan zu unterstützen. Aber niemand darf sich mißbrauchen lassen und in der iranischen Unterstützung dieser Militäraktion eine allgemeine Unterstützung im Kampf gegen den Terrorismus sehen. Es ist nach unserer Doktrin undenkbar, die Iraner im Rahmen des Bündnisses zu sehen. Ein Bündnis gegen den Terror wird nur aus Ländern bestehen, welche die demokratischen Einrichtungen achten, die persönliche Freiheit und den heiligen Wert des Lebens, um vernünftige Erfolgsaussichten zu haben.

Ein solches Bündnis kann keine Länder umfassen, die ihre eigene Bevölkerung unterdrücken, die Grundrechte vergewaltigen und die wesentlichen Werte der westlichen Welt verachten. Eine zeitlichbe schränkte und punktuelle Zusammenarbeit ist sicherlich denkbar, um sich einen unmittelbaren taktischen Vorteil zu verschaffen, so wie das Churchill im Zweiten Weltkrieg begriff, als er sich mit der Sowjetunion verbündete, um den Nationalsozialismus zu besiegen. Aber kein Bündnis gegen den Terrorismus kann Länder umfassen, die Haß- und Verleumdungskampagnen billigen. Länder also, die es dulden, daß Zivilisten getötet werden – US-Amerikaner, Engländer, Juden und andere – können keine berechtigte Rolle im Kampf gegen den Terrorismus spielen.

Gewisse Länder können zurückhaltend sein oder nicht in der Lage, an einem Bündnis teilzunehmen, das die Achtung der Werteordnung der westlichen Welt verlangt. Die Quelle ihrer Macht kann unvereinbar sein mit einer echten Gegnerschaft zum Terrorismus. Solche Länder sind Teil des Problems und tragen nichts zur Lösung bei. Wir benötigen ihre Hilfe nicht und wir ziehen keinen Nutzen aus ihrer Bereitschaft zur Unterstützung. Länder, die Terroristen beherbergen – und ihnen die Mittel liefern, unschuldige Zivilisten zu töten – müssen selbst vernichtet werden.

Der Krieg gegen den Terrorismus ist ein Krieg gegen diese Regime. Wir gewinnen den Krieg gegen den Terrorismus nicht, indem wir die einzelnen Terroristen jagen, genauso wenig, wie wir den Krieg gegen das Rauschgift gewinnen, indem wir einen Kurier auf dem Flughafen Heathrow festnehmen.

Eine neue Art von Krieg
von Donald Rumsfeld

Dieser Kommentar[1] des US-Verteidigungsministers erschien am 27. Sept. 2001 in der *Washington Post*. In der Art von Krieg, den Rumsfeld zeichnet, verschwinden die Begriffe ‚Zivilist' und ‚Soldat' zugunsten einer Gesellschaft, in welcher jeder einzelne gemäß dem Konzept des ‚totalen Krieges', so wie er von Dr. Goebbels definiert wurde, erfaßt wird.

Präsident Bush hat die Nation zu einem Kampf gegen den Terrorismus, der unsere Lebensweise bedroht, aufgerufen. Einige denken, daß das erste Opfer jedes Krieges die Wahrheit ist. Aber in diesem Krieg muß der erste Sieg der Sieg der Wahrheit sein. Und die Wahrheit ist, daß dieser Krieg keinem der zuvor von uns geführten Kriege ähnelt, so daß es leichter wäre, das in Gang zu setzende Szenario dessen zu beschreiben, was nicht zu tun ist, als das, was vielmehr zu tun ist.

Dieser Krieg ist nicht der Krieg eines großes Bündnisses, das einzig zu dem Zweck geschaffen wurde, eine Achse aus feindlichen Mächten zu besiegen. Dieser Krieg bedeutet in der Tat wechselnde Koalitionen mit Ländern, die für Änderungen und Wandel empfänglich sind. Unterschiedliche Länder werden unterschiedliche Rollen haben und unterschiedliche Beiträge leisten. Das eine Land liefert diplomatische Unterstützung, das andere Land leistet finanzielle Hilfe, ein anderes unterstützt uns militärisch und logistisch. Einige werden uns öffentlich unterstützen, während andere wiederum, je nach den Umständen,

1 *A New Kind of War* (Eine neue Art von Krieg), von Donald Rumsfeld, in *Washington Post* vom 27. Sept. 2001. Abrufbar unter: http://washingtonpost.com

uns geheim unterstützen werden. Diese Koalition bestimmt sich aufgrund ihres Zieles und nicht umgekehrt.

Wir wissen wohl, daß Länder, die wir als Freunde betrachten, uns in gewissen Dingen helfen, sich bei anderen aber ruhig verhalten könnten, während von der Teilnahme anderer Länder, die wir weniger als Freunde ansehen, die eine oder andere Maßnahme abhängen könnte.

In diesem Zusammenhang ist die Entscheidung der Vereinigten Arabischen Emirate und Saudi-Arabiens, die Freunde der USA sind, ihre Beziehungen zu den Taliban abzubrechen, ein erster bedeutender Erfolg unserer Kampagne, was aber nicht heißt, daß sie in allen Aktionen, die wir ins Auge fassen könnten, auf unserer Seite stehen. Dieser Krieg wird nicht notwendigerweise so beschaffen sein, daß wir ganz und gar damit beschäftigt sind, die militärischen Ziele zu analysieren und Kräfte zu sammeln, um sie anzugreifen. Die militärische Macht ist wahrscheinlich nur eines der zahlreichen Mittel, deren wir uns bedienen, um die einzelnen, die Gruppen und die Länder, die dem Terrorismus huldigen, auszuschalten.

Unsere Reaktion könnte darin bestehen, mit Raketen irgendwelche militärischen Ziele irgendwo in der Welt anzugreifen. Wir könnten uns auch sofort in einen elektronischen Krieg stürzen, um die Wege der Kapitalverschiebungen außerhalb unserer Grenzen aufzuspüren und zu unterbinden. Die Nadelstreifenanzüge der Bankleute und die abgetragenen Klamotten der Programmierer sind genauso sicher Uniformen in dieser Auseinandersetzung wie die Tarnkleidung in der Wüste.[1]

Es handelt sich nicht um einen Krieg gegen einen einzelnen, eine Gruppe, eine Religionsgemeinschaft oder ein Land. Unser Gegner ist ein weltweites Netzwerk terroristischer Gruppen oder Staaten, die sie unterstützen, die darauf aus sind, die freien Völker daran zu hindern, zu leben, wie sie wollen. Wir könnten

1 Hervorhebung durch den Verfasser.

auch militärische Maßnahmen gegen fremde Regierungen ergreifen, die den Terrorismus fördern. Wir könnten uns auch mit den Völkern verbinden, die diese Staaten unterdrücken.

Dieser Krieg wird sich bis in seine Wortwahl hinein von allen vorangegangenen unterscheiden. Wenn wir in ein „feindliches Gebiet eindringen", dann kann das auch gut sein kybernetischer Raum sein. Wir landen wohl weniger an Stränden und wenden wohl mehr Kriegslisten an. Es handelt sich nicht mehr um die strategische Frage: „Wie komme ich da wieder raus?" Es handelt sich vielmehr um einen Einsatz, der keine zeitliche Beschränkung kennt. Wir haben auch keine festen Regeln mehr, wie wir unsere Truppen aufmarschieren lassen. Wir entwickeln vielmehr Zielvorstellungen, die uns sagen sollen, ob die militärische Gewalt das beste Mittel ist, dies oder jenes Ziel zu erreichen.

Die Öffentlichkeit bekommt vielleicht das eine oder andere aufsehenerregende militärische Schauspiel mit, das zu keinem offensichtlichen Sieg führt. Andererseits bleiben ihr wohl zweifelsohne andere Aktionen, die zu großen Siegen führen, verborgen. Die ‚Kämpfe" spielen sich beim Zoll ab, wo die Beamten verdächtige Gestalten an unseren Grenzen festgenommen haben, oder sie werden von Diplomaten geführt, die im Ausland gegen die Geldwäsche erfolgreich gewesen sind.

Auch wenn es sich um eine neue Art von Krieg handelt, so bleibt doch eines beim alten[1]*: Amerika bleibt unbezwingbar. Der Sieg wird ein Sieg für die Amerikaner selbst sein. Sie werden ihr Leben Tag für Tag leben, werden zur Arbeit gehen, werden ihre Kinder großziehen und werden ihre Träume bauen, wie sie es als ein großes und freies Volk immer gemacht haben.*

---

1 Hervorhebung durch den Verfasser.

THE WHITE HOUSE

WASHINGTON

October 5, 2001

MEMORANDUM FOR THE SECRETARY OF STATE
THE SECRETARY OF THE TREASURY
THE SECRETARY OF DEFENSE
THE ATTORNEY GENERAL
THE DIRECTOR OF CENTRAL INTELLIGENCE
THE DIRECTOR OF FEDERAL BUREAU OF INVESTIGATION

SUBJECT: Disclosures to the Congress

As we wage our campaign to respond to the terrorist attacks against the United States on September 11, and to protect us from further acts of terrorism, I intend to continue to work closely with the Congress. Consistent with longstanding executive branch practice, this Administration will continue to work to inform the leadership of the Congress about the course of, and important developments in, our critical military, intelligence, and law enforcement operations. At the same time, we have an obligation to protect military operational security, intelligence sources and methods, and sensitive law enforcement investigations. Accordingly, your departments should adhere to the following procedures when providing briefings to the Congress relating to the information we have or the actions we plan to take:

(i) Only you or officers expressly designated by you may brief Members of Congress regarding classified or sensitive law enforcement information; and

(ii) The only Members of Congress whom you or your expressly designated officers may brief regarding classified or sensitive law enforcement information are the Speaker of the House, the House Minority Leader, the Senate Majority and Minority Leaders, and the Chairs and Ranking Members of the Intelligence Committees in the House and Senate.

This approach will best serve our shared goals of protecting American lives, maintaining the proper level of confidentiality for the success of our military, intelligence, and law enforcement operations, and keeping the leadership of the Congress appropriately informed about important developments. This morning, I informed the House and Senate leadership of this policy which shall remain in effect until you receive further notice from me.

☞ Übersetzung nächste Seite

Weißes Haus
Washington
5. Oktober 2001

Memorandum für

den Außenminister
den Finanzminister
den Verteidigungsminister
den Generalbundesanwalt
den CIA-Chef
den FBI-Chef

Betr.: Unterrichtung des Kongresses

Im Laufe der Aktionen, die wir eingeleitet haben, um auf die terroristischen Angriffe, die am 11. Sept. die USA zum Ziel hatten, zu antworten, als auch, um uns gegen neue Terrorakte zu schützen, habe ich die Absicht, eine enge Zusammenarbeit mit dem Kongreß zu pflegen. In Rahmen unserer laufenden Regierungshandlungen wird meine Regierung die führenden Gremien des Kongresses über die Durchführung unserer bedeutendsten Maßnahmen sowie über alle neuen und wichtigen Tatsachen auf militärischer Ebene, auf der Ebene der Nachrichtenbeschaffung sowie der Ebene des Polizeiwesens unterrichten. Auf jeden Fall ist es gleichermaßen unsere Pflicht, die Sicherheit der militärischen Maßnahmen, die Quellen und Methoden unserer Nachrichtenbeschaffung und der Durchführung heikler polizeilicher Ermittlungen zu schützen. Von nun an sind Ihre Ministerien und Abteilungen in ihren Sachvorträgen für den Kongreß an die nachfolgenden Vorgehensweisen gebunden, sofern sich

diese Ausarbeitungen auf Informationen beziehen, die wir haben, oder auf Maßnahmen, die wir ins Auge fassen:
(1) Sie allein oder Mitarbeiter, die Sie ausdrücklich bestimmt haben, sind befugt, den Mitgliedern des Kongresses vertrauliche Informationen in Bezug auf heikle polizeiliche Ermittlungen vorzutragen.

(2) Die einzigen Kongreßmitglieder, denen Sie oder die von Ihnen ausdrücklich bestimmten Mitarbeiter vertrauliche Informationen oder Informationen in Bezug auf heikle polizeiliche Ermittlungen zukommen lassen dürfen, sind der Sprecher des Kongresses, der Führer der Opposition, die Führer der Mehrheit und Minderheit im Senat und die Mitglieder des parlamentarischen Kontrollausschusses der Sicherheitsdienste im Kongreß und im Senat.

Diese Vorgehensweise dient am besten unserem gemeinsamen Ziel, das Leben der Amerikaner zu schützen, ein Klima der Vertraulichkeit zu bewahren, das geeignet ist, den Erfolg unserer militärischen, nachrichtendienstlichen und polizeilichen Maßnahmen zu sichern und darüber zu wachen, daß die führenden Gremien des Kongresses in geeigneter Weise über alle wichtigen neuen Tatsachen unterrichtet werden. Ich habe heute morgen die führenden Gremien des Kongresses und des Senats über diese politischen Richtlinien, die bis auf neue Anweisungen von mir in Kraft bleiben, unterrichtet.

George Bush

Der Staatssekretär im Verteidigungsministerium
1010 Defense Pentagon
Washington, DC 20301-11

Memorandum für
die Leiter der militärischen Abteilungen
den Chef des Generalstabes aller Waffengattungen
die Unterstaatssekretäre im Verteidigungsministerium
den Leiter für die Erforschung und Entwicklung der Verteidigung
den allgemeinen Berater für Verteidigungsfragen
den Generalinspektor der Abteilung Verteidigung
den Leiter für Versuche und Auswertungen
den Assistenten des Staatssekretärs im Verteidigungsministerium
die Leiter der Verteidigungsbüros
den Leiter der Verteidigungsaktivitäten

Bezug: Sicherheit der Operationen in allen Bereichen des Verteidigungsministeriums

Am 14. September hat der Präsident in Anbetracht der unmittelbaren terroristischen Angriffe wie auch der ständigen Bedrohung und neuer Angriffe gegen die USA den nationalen Notstand ausgerufen. Da unser Ministerium in die unterschiedlichsten Bemühungen verwickelt ist, den internationalen Terrorismus zu besiegen, liegt es auf der Hand, daß das Leben unserer Landsleute in den militärischen und zivilen Einrichtungen – Leistungsfähigkeit, Infrastruktur und Nachschub für Operationen des Verteidigungsministeriums – und schließlich die Sicherheit wichtiger Nachrichtenverbindungen für die nationale Sicherheit für eine unbestimmte Zeit der Gefahr ausgesetzt bleiben werden.

Es ist folglich erforderlich, daß die Mitarbeiter des Verteidigungsministeriums (DoD) wie auch die Personen in anderen entsprechenden Organisationen, die mit dem „DoD" zusammenarbeiten, in ihren Erörterungen, die die Tätigkeit des „DoD" betreffen, unabhängig vom Grad ihrer Verantwortlichkeit, sich äußerst vorsichtig verhalten. Äußern sie sich nicht zu ihrer Tätigkeit im Freien, auf öffentlichen Plätzen, während der Fahrt von und zur Arbeit oder gar auf ungesicherten elektronischen Wegen. Die vertraulichen Informationen werden ausschließlich in den dafür vorgesehenen Räumen erörtert und nur mit Personen, die aus besonderen Gründen einen Anspruch auf diese Nachricht haben oder dafür eigens die entsprechende Sicherheitsstufe besitzen. Die nicht vertraulichen Nachrichten müssen ähnlich geschützt werden, weil sie sonst interpretiert werden können, um dann zu entsprechenden Folgerungen zu führen. Die meisten Nachrichten, die im Rahmen der Aufgaben des „DoD" bekannt werden, werden der Öffentlichkeit autgrund ihres heiklen Inhalts nicht zur Kenntnis gebracht. Im Zweifelsfall gilt, daß man keine offiziellen Nachrichten verbreitet oder erörtert, außer innerhalb des „DoD".

Die wesentlichen Abteilungen dieses Ministeriums, einschließlich des Büros des Verteidigungsministers, die militärischen Gliederungen, der Generalstab für alle Waffengattungen, das „DoD" mit seinen Verteidigungsaktivitäten und sämtliche übrigen Abteilungen des „DoD" halten sich an das Sicherheitsprogramm (OPSEC, so wie es im Erlaß 5205.2 des„DoD" niedergelegt ist) und sorgen dafür, daß ihre politische Tätigkeit, ihre Maßnahmen und ihre Mitarbeiter sich daran halten. Wir müssen sicherstellen, daß wir unseren Gegnern den Zugang zu den wesentlichen Nachrichten, die sie benötigen, um weitere terroristische oder feindliche Aktionen gegen die USA und dieses Ministerium zu planen, verbauen.

Paul Wolfowitz

DEPUTY SECRETARY OF DEFENSE
1010 DEFENSE PENTAGON
WASHINGTON, DC 20301-1010

18 OCT 2001

MEMORANDUM FOR SECRETARIES OF THE MILITARY DEPARTMENTS
CHAIRMAN OF THE JOINT CHIEFS OF STAFF
UNDER SECRETARIES OF DEFENSE
DIRECTOR, DEFENSE RESEARCH AND ENGINEERING
ASSISTANT SECRETARIES OF DEFENSE
GENERAL COUNSEL OF THE DEPARTMENT OF DEFENSE
INSPECTOR GENERAL OF THE DEPARTMENT OF DEFENSE
DIRECTOR, OPERATIONAL TEST AND EVALUATION
ASSISTANTS TO THE SECRETARY OF DEFENSE
DIRECTOR, NET ASSESSMENT
DIRECTORS OF THE DEFENSE AGENCIES
DIRECTOR OF THE DOD FIELD ACTIVITIES

SUBJECT: Operations Security Throughout the Department of Defense

On 14 September the President declared a national emergency by reason of terrorist attacks and the continuing and immediate threat of further attacks on the United States. As this Department assists wide-ranging efforts to defeat international terrorism, it is clear that US military and civilian service lives, DOD operational capabilities, facilities and resources, and the security of information critical to the national security will remain at risk for an indefinite period.

It is therefore vital that Defense Department employees, as well as persons in other organizations that support DOD, exercise *great* caution in discussing information related to DOD work, regardless of their duties. Do not conduct *any* work-related conversations in common areas, public places, while commuting, or over unsecured electronic circuits. Classified information may be discussed *only* in authorized spaces and with persons having a specific need to know and the proper security clearance. Unclassified information may likewise require protection because it can often be compiled to reveal sensitive conclusions. Much of the information we use to conduct DOD's operations must be withheld from public release because of its sensitivity. If in doubt, do not release or discuss official information except with other DoD personnel.

All major components in this Department to include the Office of the Secretary of Defense, the Military Departments, the Joint Staff, the Combatant Commands, the Defense Agencies, the DOD Field Activities and all other organizational entities within the DOD will review the Operations Security (OPSEC) Program, described in DOD Directive 5205.2, and ensure that their policies, procedures and personnel are in compliance. We must ensure that we deny our adversaries the information essential for them to plan, prepare or conduct further terrorist or related hostile operations against the United States and this Department.

Paul Wolfowitz

Das allgemeine und unparteiische Kriegsrecht

von Alberto Gonzalez

In einem Kommentar, der am 30. Nov. 2001 in der *New York Times*[1] erschienen ist, verteidigt der juristische Berater von George W. Bush den Präsidentenerlaß zur Schaffung der militärischen Sondergerichte, den er selbst verfaßt hat.

Genauso wie seine Amtsvorgänger hat Präsident Bush seine politische Macht eingesetzt, um militärische Sondergerichte zu schaffen, deren Aufgabe es ist, feindliche Soldaten, die Kriegsverbrechen begehen, abzuurteilen. Im Bedarfsfall eröffnen die Sondergerichte bedeutende Vorteile im Vergleich zu den Zivilgerichten. Sie ersparen den Geschworenen, den Richtern und den amerikanischen Gerichten große Gefahren, die Prozesse gegen Terroristen mit sich bringen. Sie erlauben der Regierung, geheimdienstlich gewonnene Informationen als Beweise zu nutzen, ohne die Nachrichtendienste oder die Streitkräfte bloßzustellen. Sie können in den Gebieten in der Nähe der Kampflinien schnell Recht sprechen, ohne Jahre für die Vorermittlungen und die Berufungen zu opfern.

Sie können auch eine Vielzahl von sachdienlichen Beweiselementen in Erwägung ziehen, um eine Entscheidung zu fällen. Zum Beispiel machen es die Umstände in einem Kampfgebiet oft unmöglich, die Bedingungen für die Echtheit eines Dokumentes vor einem Zivilgericht zu erfüllen, während die Dokumente, die aus den Schlupfwinkeln des Al Qaida-Netzwerkes

1 *Martial Justice, Full and Fair,* von Alberto Gonzales, in *New York Times* vorn 30. Nov. 2001. Abrufbar unter: http://www.nytimes.com

in Kabul kommen, sehr wesentlich sein können, um zu entscheiden, ob die Mitglieder einzelner Zellen dieses Netzwerkes, die sich im Abendland verbergen, schuldig sind.

Einige Parlamentarier und einige Freigeister stehen den militärischen Sondergerichten skeptisch gegenüber. Ihre Kritik, selbst wenn sie in bester Absicht vorgebracht wird, ist falsch und gründet auf einer falschen Vorstellung dessen, was der Erlaß des Präsidenten vorsieht und wie er umgesetzt werden soll.

Der Erlaß betrifft einzig und allein die ausländischen Kriegsverbrecher. Der Erlaß betrifft nicht die Bürger der USA oder selbst ausländische Soldaten, die das Kriegsrecht achten. Auf der Grundlage dieses Erlasses kann der Präsident diesen Sondergerichten nur Ausländer überstellen, die Mitglieder von Al-Qaida oder anderen internationalen terroristischen Gruppierungen sind, welche die USA oder ihre aktiven Verbündeten angreifen wollen. Der Präsident muß entscheiden, ob es im Interesse der USA ist, daß diese Personen von einem militärischen Sondergericht abgeurteilt werden. Und diese Personen müssen wegen Taten angeklagt sein, die dem internationalen Kriegsrecht widersprechen, wie z. B. Angriffe auf Zivilisten, das Untertauchen in der Zivilbevölkerung oder die Weigerung, Waffen offen zu tragen. Die feindlichen Kriegsverbrecher haben nicht das Recht auf den gleichen Schutz in der Verfahrensweise wie die Personen, die unser nationales Recht achten.

Die Prozesse vor den militärischen Sondergerichten sind nicht geheim. Der Erlaß des Präsidenten sieht vor, daß der Verteidigungsminister Zuhörer hinter verschlossenen Türen zuläßt, um die geheimen Nachrichtenquellen zu schützen. Der Erlaß verlangt nicht, daß irgendein Prozeß oder gewisse Teile des Prozesses geheim stattfinden. Die Prozesse vor den militärischen Sondergerichten sind für die Öffentlichkeit zugänglich, so weit sich dies mit den dringenden Bedürfnissen für die nationale Sicherheit vereinbaren läßt. Es wird keine Vielzahl geheimer Prozesse geben, wie das gewisse Kritiker geschrieben haben. Diese Darstellung entspricht keinem genauen Bild des Erlasses und der Absichten des Präsidenten.

Der Erlaß des Präsidenten verlangt deutlich, daß jeder Prozeß vor einem militärischen Sondergericht vollständig und unparteiisch geführt wird. Jeder, der von einem Sondergericht angeklagt ist, weiß um die Punkte der Anklage gegen ihn, kann sich von einem sachkundigen Anwalt verteidigen lassen und hat das Recht, seine Verteidigung vorzutragen. Die amerikanische Militärgerichtsbarkeit ist die beste der Welt. Sie ist für ihre beständige Tradition bekannt, sich jedem Einfluß durch die militärischen Führungsorgane auf den Ablauf des Prozesses zu widersetzen, für sachkundige und eifrige Anwälte für die Verteidigung zu sorgen und auf Unparteilichkeit zu achten. Während des Zweiten Weltkrieges haben militärische Sondergerichte selbst japanische und deutsche Angeklagte freigesprochen. Zu behaupten, daß diese militärischen Sondergerichte nur eine Justizparodie diktatorischer Regime darstellen, bedeutet eine Beleidigung für unsere Militärgerichtsbarkeit.

Der Erlaß eröffnet die Möglichkeit einer rechtlichen Kontrolle durch ein Zivilgericht. Jeder, der auf Grund dieses Erlasses in den USA von einem militärischen Sondergericht festgenommen, festgehalten und verurteilt wird, kann die Zuständigkeit dieses Sondergerichtes in Frage stellen, indem eine „habeas corpus"-Beschwerde[2] *bei einem Bundesgericht eingereicht wird. Der Wortlaut des Erlasses ähnelt dem Erlaß für die Militärgerichte, den Präsident Roosevelt erlassen hatte, und das Oberste Bundesgericht als vereinbar mit der gerichtlichen Kontrolle im Rahmen einer „habeas corpus"-Beschwerde erklärt hatte.*

Die militärischen Sondergerichte entsprechen den geschichtlichen und verfassungsmäßigen Überlieferungen der USA. Ein Sondergericht hat Agenten der Konföderierten, die sich als Zivilisten verkleidet hatten, um sich nach New York zu begeben und

2 *„habeas corpus"* – Anfangsworte eines mittelalterlichen Haftbefehls (1679 vom engl. Oberhaus beschlossenes Gesetz zum Schutz der persönlichen Freiheit – kein Mensch darf ohne richterlichen Haftbefehl verhaftet oder in Haft gehalten werden; auch in Deutschland verankert).

dort Feuer zu legen, abgeurteilt. Sondergerichte haben NS-Saboteure, die als Zivilisten verkleidet waren und während des Zweiten Weltkrieges in Long Island (einer Insel in der Nähe von New York) an Land gingen, um amerikanische Rüstungsfabriken anzugreifen, abgeurteilt. Der Oberste Gerichtshof hat immer wieder bestätigt, daß der Rückgriff auf solche Sondergerichte dem Gesetz entspricht.

Die Sondergerichte greifen nicht die verfassungsmäßigen Werte der bürgerlichen Freiheiten oder die Trennung der Gewalten an. Sie schützen sie, indem sie sicherstellen, daß die USA in der Lage sind, gegen ihre Feinde im Ausland Krieg zu führen und sie zu besiegen. Um unser Land zu verteidigen, sucht Präsident Bush zu Recht, alle zulässigen Mittel, die zu seiner Verfügung stehen, anzuwenden. Die militärischen Sondergerichte sind eines dieser Mittel, und ihre genaue Umsetzung erlaubt es, die Sicherheit und die Freiheit der Amerikaner aufrecht zu erhalten.

Vom FBI veröffentlichte Liste der neunzehn Kamikaze

Flug 11 der American Airlines
(in den Nordturm des World Trade Center gestürzt)

1. Satam M.A. Al Suqami,
vermutlich saudischer Bürger;
verwendetes Geburtsdatum: 28. Juni 1976;
letzte bekannte Anschrift: Vereinigte Arabische Emirate.

2) Waleed M. Alshehri,
vermutlich saudischer Bürger;
verwendete Geburtsdaten: 13. September 1974, 3. März 1976, 8. Juli 1977, 20. Dezember 1978, 11. Mai 1979, 5. November 1979;
wohnhaft in Hollywood[1] (Florida), Orlando (Florida), Dayton Beach (Florida);
angeblich Flugzeugpilot.

3. Wail M. Alshehri,
verwendetes Geburtsdatum: 1. September 1968;
wohnhaft in Hollywood (Florida) und Newton (Massachusetts);
angeblich Flugzeugpilot.

4) Mohammed Atta,
vermutlich ägyptischer Bürger;
verwendetes Geburtsdatum: 1. September 1968;
wohnhaft in Hollywood (Florida), Coral Springs (Florida) und Hamburg (Deutschland);
angeblich Flugzeugpilot;
alias Mehan Atta, Mohammad El Amir, Muhammad Atta, Mohamed El Sayed, Mohammed Elsayed,

1 Es handelt sich um Hollywood in Florida und nicht um Hollywood in Los Angeles (Kalifornien), Hauptsitz der US-Filmindustrie.

Muhammad Muhammad Al Amir Awag Al Sayyid Atta, Muhammad Muhammad Al-Amir Awad Al Sayad.

5. Abdulaziz Alomari,
   vermutlich saudischer Bürger;
   verwendete Geburtsdaten: 24. Dezember 1972 und 28. Mai 1979;
   wohnhaft in Hollywood (Florida);
   angeblich Flugzeugpilot.

Flug 175 der American Airlines
(in den Südturm des World Trade Center gestürzt)

1. Marwan Al-Shehhi,
   verwendetes Geburtsdatum: 9. Mai 1978;
   wohnhaft in Hollywood (Florida);
   angeblich Flugzeugpilot;
   alias Marwan Yusif Muhammad Rashid Al-Shehi, Marwan Yusif Muhammad Rashid Lakrab Al-Shihhi, Abu Abdullah.
2. Fayez Rashid Ahmed Hassan Al Qadi Banihammad,
   wohnhaft in Delray Beach (Florida);
   alias Fayez Ahmad, Banihammad Fayez Abu Dhabi Banihammad, Fayez Rashid Ahmed, Banihammad Fayez, Rasid Ahmed Hassen Alqadi, Abu Dhabi Banihammad, Ahmed Fayez, Faez Ahmed.
3. Ahmed Alghamdi,
   alias Ahmed salah Alghamdi.
4. Hamza Alghamdi,
   wohnhaft in Delray Beach (Florida);
   alias Hamza Al-Ghamdi, Hamzah Ghamdi, Hamzah Alghmandi, Hamza Alghammdi Saleh.
5. Mohand Alshehri,
   wohnhaft in Delray Beach (Florida);
   alias Mohammed Alshehhi, Mohamd Alshehri, Mohald Alshehri.

Flug 11 der American Airlines
(angeblich auf das Pentagon gestürzt)

1. Khalib Almihdhar,
   vermutlich saudischer Bürger;
   wohnhaft in San Diego (Kalifornien) und New York;
   alias Sannan Al-Makki, Khalid Bin Muhammad, Abdallah Al-Mihdhar, Khalid Mohammad Al-Saqaf.
2. Majed Moqed,
   vermutlich saudischer Bürger;
   alias Majed M.GH Moqed, Majed Moqed, Majed Mashaan Moqed.
3. Nawaf Alhazmi
   vermutlich saudischer Bürger;
   wohnhaft in Fort Lee (New Jersey), Wayne (New Jersey) und San Diego (Kalifornien);
   alias Nawaf Al-Hazmi, Nawaf Al Hazmi, Nawaf M.S. Al Hazmi.
4. Salem Alhazmi
   vermutlich saudischer Bürger;
   wohnhaft in Fort Lee (New Jersey) und Wayne (New Jersey).
5. Hani Hanjour,
   wohnhaft in Phoenix (Arizona) und San Diego (Kalifornien);
   alias Hani Saleh Hanjour, Hani Saleh, Hani Hanjour, Hani Saleh H. Hanjour.

Flug 93 der American Airlines
(in der Luft über Stony Creek Township explodiert)

1. Saeed Alghamdi,
   wohnhaft in Delray Beadch (Florida);
   alias Abdul Rahman Saed Alghamdi, Ali S Alghamdi, Al- Gamdi; Saad M.S. Al Ghamdi, Sadda Al Ghamdi, Saeed Al Ghamdi.

2. Ahmed Ibrahim A. Al Haznawi,
   vermutlich saudischer Bürger;
   verwendetes Geburtsdatum: 11. Oktober 1980;
   wohnhaft in Delray Beach (Florida);
   alias Ahmed Alhaznawi.
3. Ahmed Alnami,
   wohnhaft in Delray Beach (Florida);
   alias Ali Ahmed Alnami, Ahmed A. Al-Nami, Ahmed Al- Nawi.
4. Ziad Samir Jarrah,
   angeblich Flugzeugpilot;
   alias Zaid Jarrahi, Zaid Samr Jarrah, Ziad S. Jarrah, Ziad Jarrah Jarrat, Ziad Samir Jarrahi.

Die unglaubliche Operation Northwoods

...oder wie amerikanische Militärs ‚Operationen' auf dem eigenen Territorium organisieren wollten, um die Invasion von Kuba als Notwehr zu legitimieren.

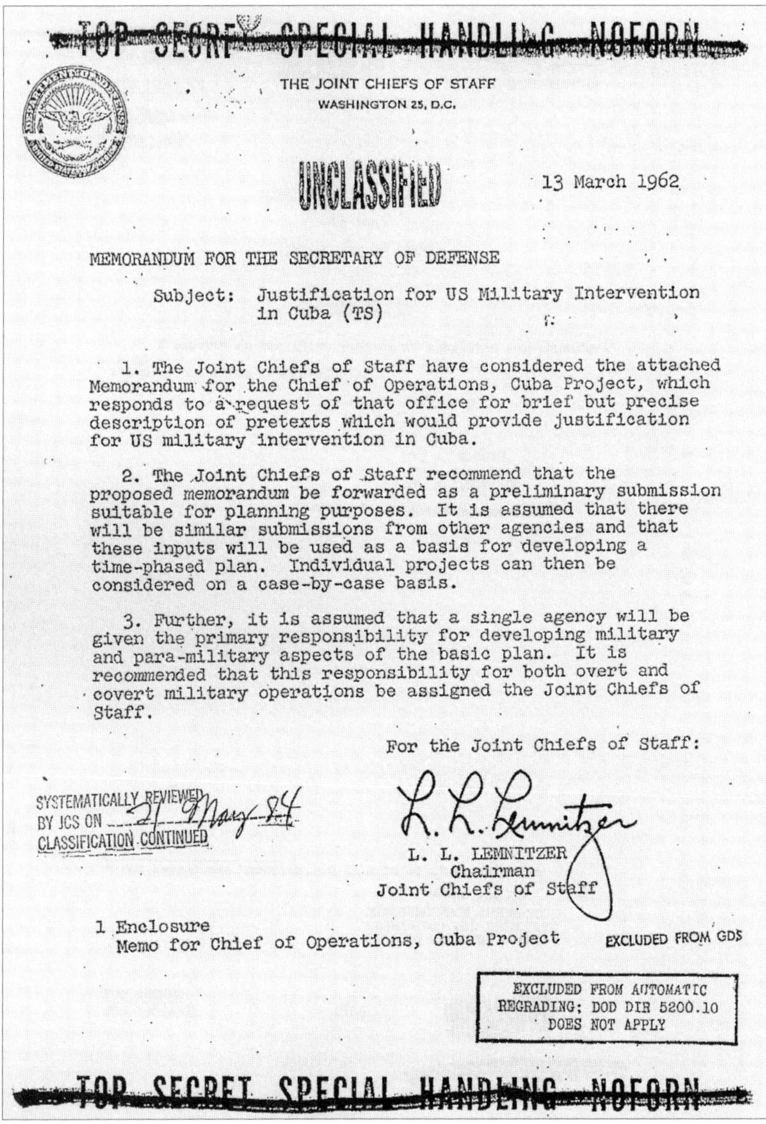

~~TOP SECRET SPECIAL HANDLING NOFORN~~

THE JOINT CHIEFS OF STAFF
WASHINGTON 25, D.C.

UNCLASSIFIED

13 March 1962

MEMORANDUM FOR THE SECRETARY OF DEFENSE

Subject: Justification for US Military Intervention in Cuba (TS)

1. The Joint Chiefs of Staff have considered the attached Memorandum for the Chief of Operations, Cuba Project, which responds to a request of that office for brief but precise description of pretexts which would provide justification for US military intervention in Cuba.

2. The Joint Chiefs of Staff recommend that the proposed memorandum be forwarded as a preliminary submission suitable for planning purposes. It is assumed that there will be similar submissions from other agencies and that these inputs will be used as a basis for developing a time-phased plan. Individual projects can then be considered on a case-by-case basis.

3. Further, it is assumed that a single agency will be given the primary responsibility for developing military and para-military aspects of the basic plan. It is recommended that this responsibility for both overt and covert military operations be assigned the Joint Chiefs of Staff.

For the Joint Chiefs of Staff:

SYSTEMATICALLY REVIEWED BY JCS ON 27 May 84 CLASSIFICATION CONTINUED

L. L. Lemnitzer

L. L. LEMNITZER
Chairman
Joint Chiefs of Staff

1 Enclosure
Memo for Chief of Operations, Cuba Project

EXCLUDED FROM GDS

EXCLUDED FROM AUTOMATIC REGRADING; DOD DIR 5200.10 DOES NOT APPLY

~~TOP SECRET SPECIAL HANDLING NOFORN~~

APPENDIX TO ENCLOSURE A

UNCLASSIFIED

DRAFT

MEMORANDUM FOR CHIEF OF OPERATIONS, CUBA PROJECT

Subject: Justification for US Military Intervention in Cuba (TS)

1. Reference is made to memorandum from Chief of Operations, Cuba Project, for General Craig, subject: "Operation MONGOOSE", dated 5 March 1962, which requested brief but precise description of pretexts which the Joint Chiefs of Staff consider would provide justification for US military intervention in Cuba.

2. The projects listed in the enclosure hereto are forwarded as a preliminary submission suitable for planning purposes. It is assumed that there will be similar submissions from other agencies and that these inputs will be used as a basis for developing a time-phased plan. The individual projects can then be considered on a case-by-case basis.

3. This plan, incorporating projects selected from the attached suggestions, or from other sources, should be developed to focus all efforts on a specific ultimate objective which would provide adequate justification for US military intervention. Such a plan would enable a logical build-up of incidents to be combined with other seemingly unrelated events to camouflage the ultimate objective and create the necessary impression of Cuban rashness and irresponsibility on a large scale, directed at other countries as well as the United States. The plan would also properly integrate and time phase the courses of action to be pursued. The desired resultant from the execution of this plan would be to place the United States in the apparent position of suffering defensible grievances from a rash and irresponsible government of Cuba and to develop an international image of a Cuban threat to peace in the Western Hemisphere.

UNCLASSIFIED

4. Time is an important factor in resolution of the Cuban problem. Therefore, the plan should be so time-phased that projects would be operable within the next few months.

5. Inasmuch as the ultimate objective is overt military intervention, it is recommended that primary responsibility for developing military and para-military aspects of the plan for both overt and covert military operations be assigned the Joint Chiefs of Staff.

6

Appendix to
Enclosure A

UNCLASSIFIED

TOP SECRET SPECIAL HANDLING NOFORN

UNCLASSIFIED

ANNEX TO APPENDIX TO ENCLOSURE A

PRETEXTS TO JUSTIFY US MILITARY INTERVENTION IN CUBA

(Note: The courses of action which follow are a preliminary submission suitable only for planning purposes. They are arranged neither chronologically nor in ascending order. Together with similar inputs from other agencies, they are intended to provide a point of departure for the development of a single, integrated, time-phased plan. Such a plan would permit the evaluation of individual projects within the context of cumulative, correlated actions designed to lead inexorably to the objective of adequate justification for US military intervention in Cuba).

1. Since it would seem desirable to use legitimate provocation as the basis for US military intervention in Cuba a cover and deception plan, to include requisite preliminary actions such as has been developed in response to Task 33 c, could be executed as an initial effort to provoke Cuban reactions. Harassment plus deceptive actions to convince the Cubans of imminent invasion would be emphasized. Our military posture throughout execution of the plan will allow a rapid change from exercise to intervention if Cuban response justifies.

2. A series of well coordinated incidents will be planned to take place in and around Guantanamo to give genuine appearance of being done by hostile Cuban forces.

a. Incidents to establish a credible attack (not in chronological order):

(1) Start rumors (many). Use clandestine radio.

(2) Land friendly Cubans in uniform "over-the-fence" to stage attack on base.

(3) Capture Cuban (friendly) saboteurs inside the base.

(4) Start riots near the base main gate (friendly Cubans).

UNCLASSIFIED

TOP SECRET SPECIAL HANDLING NOFORN

(5) Blow up ammunition inside the base; start fires.

(6) Burn aircraft on air base (sabotage).

(7) Lob mortar shells from outside of base into base. Some damage to installations.

(8) Capture assault teams approaching from the sea or vicinity of Guantanamo City.

(9) Capture militia group which storms the base.

(10) Sabotage ship in harbor; large fires -- napthalene.

(11) Sink ship near harbor entrance. Conduct funerals for mock-victims (may be lieu of (10)).

b. United States would respond by executing offensive operations to secure water and power supplies, destroying artillery and mortar emplacements which threaten the base.

c. Commence large scale United States military operations.

3. A "Remember the Maine" incident could be arranged in several forms:

a. We could blow up a US ship in Guantanamo Bay and blame Cuba.

b. We could blow up a drone (unmanned) vessel anywhere in the Cuban waters. We could arrange to cause such incident in the vicinity of Havana or Santiago as a spectacular result of Cuban attack from the air or sea, or both. The presence of Cuban planes or ships merely investigating the intent of the vessel could be fairly compelling evidence that the ship was taken under attack. The nearness to Havana or Santiago would add credibility especially to those people that might have heard the blast or have seen the fire. The US could follow up with an air/sea rescue operation covered by US fighters to "evacuate" remaining members of the non-existent crew. Casualty lists in US newspapers would cause a helpful wave of national indignation.

4. We could develop a Communist Cuban terror campaign in the Miami area, in other Florida cities and even in Washington.

8

Annex to Appendix
to Enclosure A

The terror campaign could be pointed at Cuban refugees seeking haven in the United States. We could sink a boatload of Cubans enroute to Florida (real or simulated). We could foster attempts on lives of Cuban refugees in the United States even to the extent of wounding in instances to be widely publicized. Exploding a few plastic bombs in carefully chosen spots, the arrest of Cuban agents and the release of prepared documents substantiating Cuban involvement also would be helpful in projecting the idea of an irresponsible government.

5. A "Cuban-based, Castro-supported" filibuster could be simulated against a neighboring Caribbean nation (in the vein of the 14th of June invasion of the Dominican Republic). We know that Castro is backing subversive efforts clandestinely against Haiti, Dominican Republic, Guatemala, and Nicaragua at present and possible others. These efforts can be magnified and additional ones contrived for exposure. For example, advantage can be taken of the sensitivity of the Dominican Air Force to intrusions within their national air space. "Cuban" B-26 or C-46 type aircraft could make cane-burning raids at night. Soviet Bloc incendiaries could be found. This could be coupled with "Cuban" messages to the Communist underground in the Dominican Republic and "Cuban" shipments of arms which would be found, or intercepted, on the beach.

6. Use of MIG type aircraft by US pilots could provide additional provocation. Harassment of civil air, attacks on surface shipping and destruction of US military drone aircraft by MIG type planes would be useful as complementary actions. An F-86 properly painted would convince air passengers that they saw a Cuban MIG, especially if the pilot of the transport were to announce such fact. The primary drawback to this suggestion appears to be the security risk inherent in obtaining or modifying an aircraft. However, reasonable copies of the MIG could be produced from US resources in about three months.

7. Hijacking attempts against civil air and surface craft should appear to continue as harassing measures condoned by the government of Cuba. Concurrently, genuine defections of Cuban civil and military air and surface craft should be encouraged.

8. It is possible to create an incident which will demonstrate convincingly that a Cuban aircraft has attacked and shot down a chartered civil airliner enroute from the United States to Jamaica, Guatemala, Panama or Venezuela. The destination would be chosen only to cause the flight plan route to cross Cuba. The passengers could be a group of college students off on a holiday or any grouping of persons with a common interest to support chartering a non-scheduled flight.

a. An aircraft at Eglin AFB would be painted and numbered as an exact duplicate for a civil registered aircraft belonging to a CIA proprietary organization in the Miami area. At a designated time the duplicate would be substituted for the actual civil aircraft and would be loaded with the selected passengers, all boarded under carefully prepared aliases. The actual registered aircraft would be converted to a drone.

b. Take off times of the drone aircraft and the actual aircraft will be scheduled to allow a rendezvous south of Florida. From the rendezvous point the passenger-carrying aircraft will descend to minimum altitude and go directly into an auxiliary field at Eglin AFB where arrangements will have been made to evacuate the passengers and return the aircraft to its original status. The drone aircraft meanwhile will continue to fly the filed flight plan. When over Cuba the drone will being transmitting on the international distress frequency a "MAY DAY" message stating he is under attack by Cuban MIG aircraft. The transmission will be interrupted by destruction of the aircraft which will be triggered by radio signal. This will allow ICAO radio stations in the Western Hemisphere to tell the US what has happened to the aircraft instead of the US trying to "sell" the incident.

9. It is possible to create an incident which will make it appear that Communist Cuban MIGs have destroyed a USAF aircraft over international waters in an unprovoked attack.

a. Approximately 4 or 5 F-101 aircraft will be dispatched in trail from Homestead AFB, Florida, to the vicinity of Cuba. Their mission will be to reverse course and simulate fakir aircraft for an air defense exercise in southern Florida. These aircraft would conduct variations of these flights at frequent intervals. Crews would be briefed to remain at least 12 miles off the Cuban coast; however, they would be required to carry live ammunition in the event that hostile actions were taken by the Cuban MIGs.

b. On one such flight, a pre-briefed pilot would fly tail-end Charley at considerable interval between aircraft. While near the Cuban Island this pilot would broadcast that he had been jumped by MIGs and was going down. No other calls would be made. The pilot would then fly directly west at extremely low altitude and land at a secure base, an Eglin auxiliary. The aircraft would be met by the proper people, quickly stored and given a new tail number. The pilot who had performed the mission under an alias, would resume his proper identity and return to his normal place of business. The pilot and aircraft would then have disappeared.

c. At precisely the same time that the aircraft was presumably shot down a submarine or small surface craft would disburse F-101 parts, parachute, etc., at approximately 15 to 20 miles off the Cuban coast and depart. The pilots returning to Homestead would have a true story as far as they knew. Search ships and aircraft could be dispatched and parts of aircraft found.

White House Photo by Eric Draper

Nach seiner Abfahrt vom Flugplatz der US Air Force in Offlut, ruft George Bush von Air Force One den Vize-Präsidenten Cheney (11. September 2001).

White House Photo by David Bohrer

Der Vize-Präsident Cheney telefoniert im Bunker des Weißen Hauses mit George Bush. In der Mitte sitzend, Condoleezza Rice. (11. September 2001)

George Bush besucht den Flugplatz der Air Force in Elgin (Florida) am 1. Februar 2002.

White House Photo by MoreenIshikawa

George Bush im Nationaldom von Washington
am 14. September 2001.

White House Photo by Eric Draper

Nach seiner Rede ergreift George Busch
die Hand seines Vaters.

White House Photo by Eric Draper

Unterzeichnung des „Patriot Act“ am 12. Oktober 2001.

White House Photo by Tina Hager

Colin Powell, George Bush, Dick Cheney
und Hugh Shelton antworten der Presse im
Weißen Haus am 12. September 2001.

DoD photo by Helene C. Stikkel

Der Staatssekretär für.Verteidigung, Donald H. Rumsfeld, gibt eine Pressekonferenz im Pentagon. Bei dieser Gelegenheit kam es zu einem heftigen Wortwechsel mit Sen. Levin, rechts (11. September 2001).

White House Photo by Tina Hager

Pressekonferenz mit Tom Ridge, Direktor der „Office of Homeland Security“ (18. Oktober 2001)

White House Photo by Eric Draper

Versammlung des Nationalen Sicherheitsrates
(12. September 2001)

White House. Photo by Paul Morse

Versammlung mit George Bush im ‚Oval Office'
mit dem Gouverneur Tom Ridge, Condoleezza Rice,
dem Admiral Steve Abbot u.v.a.
(20. Dezember 2001)

White House. Photo by Paul Morse

Präsident Bush mit dem
afghanischen Präsident Hamid Karzai.

White House. Photo by Paul Morse

Präsident Hamid Karzai empfängt
stehenden Beifall am 29. Januar 2002.

Department of the Air Force

General Ralph E. Ed Eberhart
Commander-in-chief, North American Aerospace,
Defense Command and US Space Command,
Commander, Air Force Space Command,
Department of Defense Manager for Manned,
Space Flight Support Operations,
Peterson Air Force Base, Colo

DoD photo by R.D. Ward

Staatssekretär im
Verteidigunsministerium
Paul Wolfowitz

Inhalt

Hinweis des Verlegers

Nach den Regelungen einer jüngst erfolgten, sogenannten Rechtschreibreform, der viele schon unreflektiert gehorchen, ist eine Reihe von Wörtern in diesem Buch nicht korrekt gesetzt. Wir betonen, daß eine Maßnahme zur Nivellierung gewachsener (Sprach-)Strukturen, mag sie auch mit dem Begriff ‚Reform' eine Besserung implizieren, *von uns nicht bejaht* und folglich auch *nicht durchgeführt wird*. Denn ihr universalistischer Hintergrund wird in weiteren Schritten (‚Reformen') allmählich die völlige sprachliche Kolonisierung betreiben. Aus den sprachlichen ‚Reformen' wird dann Sprachlosigkeit.

Gedruckt in Deutschland
September 2002